Joachim Jahnke

Täter und Opfer in der Eurokrise

Vom Lehman-Crash zur Griechenland-Krise

Bibliografische Information der Deutschen Nationalbibliothek:
Die Deutsche Nationalbibliothek verzeichnet diese Publikation in
der Deutschen Nationalbibliothek, detaillierte bibliographische
Daten sind im Internet über http://dnb.d-nb.de abrufbar.

© Joachim Jahnke
Herstellung und Verlag: BoD – Books on Demand, Norderstedt
ISBN: 9783738624120

Inhalt

Vorwort

Mit etwas Distanz, auch wenn das Drama noch andauert, wirkt das Logbuch der Eurokrise wie ein Krimi, bei dem leider die oft verwirrenden Fakten und nicht die einfache Phantasie zählen und damit das Verständnis erschwert wird. Es wimmelt in diesem Krimi von Täuschungen, Lügen, Illusionen und Tricks bei den Tätern. Die Opfer sind meist unter den Armen und sozial ohnehin Benachteiligten zu finden.

Als ich vor drei Jahren mein Buch „Euro – Die unmögliche Währung" schrieb, stand die griechische Zuspitzung noch aus. Die Opfer waren noch nicht so deutlich zu sehen wie heute. Auch gab es in anderen Krisenländern, wie Spanien, Italien oder Irland, noch keine populistischen Bewegungen, die das Beispiel von Syriza nachzuspielen trachten. Noch immer ist die Krise nicht überwunden und kann sich durchaus noch weiter zuspitzen. Sie kann immer noch das ganze Projekt Euro in Gefahr bringen. Bei den letzten Verhandlungen zu einem dritten Hilfspaket für Griechenland im Europäischen Rat war erstmals in einem offiziellen Papier vom Ausscheiden eines Landes aus dem Euro die Rede.

Dennoch halte ich nun den Zeitpunkt für gekommen, um die letzte Phase des Euro seit dem Lehman-Crash vor sieben Jahren kritisch aufzublättern. Damit soll – in Ergänzung meiner vielen Berichte auf dem Infoportal – nicht zuletzt den häufigen Falschinformationen entgegengewirkt werden, die viele Medien verbreiten, soweit das mit einem solchen Buch überhaupt möglich ist.

Die Täter in diesem Krimi kann man grob als das „Establishment" umreißen. Denn dessen Projekt war und ist der Euro, während die Bürger Europas nicht um ihre Meinung gefragt wurden. Dazu gehören, neben den politischen Kreisen, die Finanzakteure, die die Kreditschleusen bis zum Crash

immer weiter gierig geöffnet haben, um daran gewaltig zu
verdienen, bis viele der Verluste am Ende sozialisiert werden
mußten. In Deutschland gehörte auch die exportierende Industrie dazu. Unter Führung des BDI-Präsidenten Olaf Henkel
hatte sie sich selbst die Karten gelegt. Wie der dann zum
Euro-Gegner gewordene Henkel später in einem Buch auf-
deckte, witterte die deutsche Industrie sofort, daß sie ohne
die Gefahr von Wechselkursänderungen im Euroverbund auf
Deibel komm raus exportieren und Überschüsse aufbauen
könnte, was ja genau so geschehen ist. Die deutschen Löhne
würden weiter viel weniger steigen als die der Konkurrenz in
der Eurozone, und entsprechend niedriger und für den deutschen Export vorteilhaft würde auch die Inflationsrate sein.
Zudem würde der Euro im Außenverhältnis durch die weniger
exportstarken Europartner schwächer als bis dahin die wie-
derholt aufgewertete DM sein und damit eine verkappte Sub-
vention für die Exporteure abwerfen. Und dann bekamen die
Bosse noch eine Steilvorlage von der Schröder-Regierung für
Niedriglöhne in Deutschland. Die legte mit der Einberufung
der Kommission „Moderne Dienstleistungen am Arbeitsmarkt"
(sogenannte Hartz-Kommission) 2002 los, zog mit der ge-
setzlichen Erleichterung der Leiharbeit nach und schuf so einen wuchernden Niedriglohnsektor und eine hervorragende
Basis für ein deutsches Lohndumping in der Eurozone. Gleichzeitig wurde ein gesetzlicher Mindestlohn, wie er bei den meisten unserer Europartnern galt, verweigert. Von den Tätern,
auch den mitschuldigen Regierungen in den Krisenländern
selbst, wird in diesem Buch immer wieder die Rede sein.

Die Euro-Opfer, auf die ein eigenes Kapitel näher einge-
hen wird, sind unter den durch die Eurokrise dramatisch angewachsenen Zahlen von Arbeitslosen und Armutsgefährdeten
und ihren Kindern zu suchen, aber auch unter den Menschen,
denen die Sozialleistungen gekürzt wurden und in der Zukunft

unter denen, die einmal für die hoch aufgetürmten Schulden aufkommen müssen. Eine immer mehr drohende Transferunion unter Europartnerländern würde vor allem die deutschen Steuerzahler und Sozialleistungsempfänger, deren Leistungen weiter gekürzt würden, bedrohen.

Bangor, im August 2015

1. Das Vorspiel

1999 als Buchgeld zugelassen und ab 1. Januar 2002 an den Geldautomaten erhältlich startete der Euro in einem äußerst günstigen Augenblick, wahrscheinlich dem bestmöglichen in diesem noch jungen Jahrtausend. Im November 1989 war die Berliner Mauer gefallen. Der Kalte Krieg war zu Ende. Das kapitalistische Wirtschaftssystem dehnte sich schlagartig nach Osteuropa aus, und selbst China übernahm immer mehr davon. Die durchschnittliche wirtschaftliche Wachstumsrate der Länder der Eurozone hatte zwischen 1991 und 2002 bei gesunden 2,3 % gelegen. In keinem dieser Jahre hatte es eine Wachstumskrise gegeben – ein scheinbar unaufhaltsamer Aufstieg[01].

Der Euro startete also als absolute Schönwetterveranstaltung. Als die Deutschen ihre geliebte DM aufgeben mußten, versprach ihnen Kohl, der Euro würde ebenso hart sein. Mit dem Vertrag von Maastricht dachte er, ein mächtiges Bollwerk gegen währungs- und haushaltspolitische Schlamperei aufgebaut zu haben. Besonders sicher fühlte man sich in der Bundesregierung hinter der Nichtbeistands-Klausel („no bail-out") des Artikel 125 des Vertrags über die Arbeitsweise der Europäischen Union:

„Ein Mitgliedstaat haftet nicht für die Verbindlichkeiten der Zentralregierungen, der regionalen oder lokalen Gebietskör-perschaften oder anderen öffentlich-rechtlichen Körperschaf-ten, sonstiger Einrichtungen des öffentlichen Rechts oder öf-fentlicher Unternehmen eines anderen Mitgliedstaats und tritt nicht für derartige Verbindlichkeiten ein."

Kohl und Genscher ließen sich von den zahlreichen Kri-tikern und Warnern, darunter auch die deutsche Bundesbank, nicht beirren. Beide hatten sehr wenig wirtschaftlichen Sach-verstand und machten sich die Entscheidung mit außenpoliti-schen Erwägungen leicht. Die Sache mußte als politisches Projekt durchgezogen werden. Bange machen galt nicht. In den späteren Worten Karl Otto Pöhls, des Präsidenten der Bundesbank bis 1989:

„Kohl verstand nichts von Wirtschaft. Stattdessen sorg-ten sich Mitterand und Kohl um ihren Platz in den Geschichts-büchern. Kohl wollte der Kanzler der deutschen Einheit sein, Mitterand ein von Frankreich geführtes Europa erzwingen. Sie sahen die Wirtschaftsexperten als Menschen, die sich der Geschichte in den Weg stellen."

In der Bundestags-Debatte zur Abstimmung über die Ein-führung des Euros erklärte Kohl: „Der Euro ist in gar keiner Weise ein unkalkulierbares Risiko." Gleichzeitig startete BILD eine gewaltige Kampagne zugunsten des Euro. Euro-Gegner kamen darin fast nicht zu Wort. Hier einige Zitate:

„Euro - Die Wunderdroge: Wirkt gegen Inflation! Dank Euro sind die Preise so stabil wie seit 50 Jahren nicht mehr. Wirkt gegen Haushaltsdefizite! Dank Euro sparen heute selbst Italien, Portugal und Spanien pickelhart. Er schafft ein Geld und einen Wirtschaftsraum von Lappland bis hinunter zur

Algarve. Dort überall zieht die Konjunktur endlich wieder an - und auch bei uns. Wunder-Euro, Euro-Wunder!"

Oder ein Zitat von Jean-Claude Juncker, dem langjährigen Vorsitzenden der Eurogruppe und heutigen Chef der EU-Kommission: „Wir beschließen etwas, stellen das dann in den Raum und warten einige Zeit ab, was passiert. Wenn es dann kein großes Geschrei gibt und keine Aufstände, weil die meisten gar nicht begreifen, was da beschlossen wurde, dann machen wir weiter - Schritt für Schritt, bis es kein Zurück mehr gibt. Dazu seinerzeit in 1999 der SPIEGEL: „So wurde bei der Einführung des Euro verfahren, als tatsächlich kaum jemand die Tragweite der ersten Beschlüsse 1991 zur Wirtschafts- und Währungsunion wahrzunehmen mochte."

Noch im Wahlkampf von 1999 plakatierte die CDU unter dem Titel „Muß Deutschland für die Schulden anderer Länder aufkommen?": „Ein ganz klares Nein! Der Maastricht Vertrag verbietet ausdrücklich, daß die Europäische Union oder die anderen EU-Partner für die Schulden eines Mitgliedsstaates haften. Eine Überschuldung eines Euro-Teilnehmerstaats kann daher von vornherein ausgeschlossen werden".[02]

Tatsächlich zeigte der Euro sofort Stärke. Vom 1. Januar 2003 bis zum 1. August 2008 stieg sein Kurs gegenüber dem US-Dollar um nicht weniger als fast die Hälfte[03]. Dann war das schöne Wetter mit dem Crash der US Investment Bank Lehman Brothers sehr plötzlich zu Ende. Die Schöpfer des Euro hatten eine solche Situation nicht vorgesehen und schon gar nicht den Ausstieg eines Landes aus dem Euro. Von damals bis heute fiel der Wert des Euro gegenüber dem US-Dollar bereits um 40 %, ohne daß ein Ende in Sicht wäre[04]. In den letzten sieben Jahren gab es kein schönes Wetter mehr für den Euro und immer noch hängen die dunklen Krisenwolken über ihm.

2. Die Sozialisierung der Verluste

Der Euro führte in wenigen Jahren zu einer enormen Angleichung der Zinsraten für Staatsanleihen. Die Anleger verdrängten die unterschiedlichen Risikoverhältnisse, nicht zuletzt im Vertrauen auf die Zahlmeisterschaft der Deutschen. Damit fielen die Zinsen selbst für die späteren Krisenländer fast auf das deutsche Niveau[05]. Die niedrigen Zinsen an den Finanzmärkten luden ihrerseits Staaten und private Haushalte zur Verschuldung ein und entfachten einen ungesunden Boom.

In dieses Boomfeuer bliesen nicht zuletzt die deutschen und andere Banken mit leichtsinnig gewährten Krediten. In Deutschland gab es wegen der schlechten Binnenkonjunktur und der Niedrigzinspolitik der EZB nicht genug profitable Finanzanlagen. Gleichzeitig wuchsen wegen der Lohnbremsen die Profite der Unternehmen und durch deren Ausschüttung umso mehr das nach Anlage suchende Kapital der Wohlhabenden, dem auch noch durch viele Steuererleichterungen der sozial-liberalen Koalition nachgeholfen wurde. Also wurde immer mehr davon von den Banken in die boomende heutige Krisenregion verschoben. Insgesamt stiegen die Forderungen ausländischer Banken gegen die fünf heutigen Krisenländer von 341 Mrd. US$ zu Beginn des Jahres 2005 auf mehr als das Dreifache, nämlich 1.2 Billionen US$ nur drei Jahre später[06].

Mit welchem Leichtsinn hier teilweise vorgegangen wurde, ist kaum vorstellbar. Beispielsweise haben auf das kleine Irland deutsche und andere ausländische Banken noch mehr Geld gehäuft als auf Spanien oder Italien und schufen so eine Verschuldung der dortigen Banken aus hochverzinsten Anleihen, die in der Spitze 300 Mrd. US$ betrug (202.000 US$ für jeden irischen Haushalt!) oder 114 % einer ganzen jährlichen Wirtschaftsleistung des Landes[07]. Die deutschen Banken spielten in diesem Transfermanöver hinein und dann wieder hinaus eine besonders große Geige. Allein das Netto-Kreditvolumen stieg von nur 60 Mrd Euro auf über 500 Mrd Euro[08]. Brutto soll das Ausleihevolumen sogar bei 704 Mrd. Dollar gegipfelt haben.

Beginnend mit der Lehman-Pleite und sich mit der Eurokrise noch verschärfend floh dieses Kapital fast total wieder aus den Ländern und wurde zu großen Teilen durch öffentliche Gelder ersetzt. Am deutlichsten ist das bei Griechenland[09]. Die bisher wichtigsten Transferkorridore für die öffentlichen Ersatzmittel sind die Target2-Konten der Notenbanken und die verschiedenen Rettungstöpfe, auf die später einzugehen ist. Das war ein gewaltiger Akt der Sozialisierung von Verlusten, zu denen es ohne dieses Einspringen öffentlicher Gelder gekommen wäre.

Eine Reihe von Banken konnten sich jedoch nicht rechtzeitig retten, vor allem diejenigen, die in sogenannte ABS-Papiere („Asset Backed Securities") investiert hatten. Das waren hochriskante Wertpapiere in Form von Verbriefungen, die durch gebündelten Forderungen besichert waren, vor allem amerikanische Ramsch-Hypotheken, und die sich dann in der Krise als ziemlich wertlos erwiesen. Und hier ist wieder einer der Täter mit im Spiel, nämlich das Bundesfinanzministerium und sein damaliger Staatssekretär Jörg Asmussen. Der hatte sich schon 2006 energisch für die Zulassung von Verbriefungen in Deutschland eingesetzt und versprochen, daß seitens der Bundesregierung darauf geachtet würde, den Instituten keine unnötigen Prüf- und Dokumentationspflichten aufzuerlegen. So waren spätere deutsche Pleitebanken geradezu amtlich davon befreit worden, diese Papiere besonders zu prüfen. Von allen den vielen Banken der Welt landete die deutsche Industrie und Kreditbank IKB, in deren Aufsichtsrat wieder Asmussen für die Bundesregierung gesessen hatte, auf dem siebten Platz der notwendigen Abschreibungen auf solche „subprime" Hypothekenpapiere. Am Ende mußte die IKB vom Steuerzahler mit 10 Mrd. Euro an Garantien vor dem Konkurs bewahrt werden. In seinem späteren Prüfbericht über das Engagement der KfW bei der IKB hat der Bundesrechnungshof die Bankenaufsicht BaFin unter dem Steinbrück-Asmussen-Kommando schwer kritisiert. Seine SPD-Mitgliedschaft dürfte dazu beigetragen haben, Asmussen in den EZB-Vorstand und danach als Staatssekretär ins Bundesarbeitsministerium zu holen und ihn somit zu einem Gewinner der Krise, an deren Entstehen er mitgewirkt hatte, zu machen. Die IKB hatte übrigens die ABS-Papiere in ein eigens gegründetes und in Dublin angesiedeltes Vehikel mit dem Namen „Rheinland" außerhalb ihrer Bilanz ausgelagert, das der Prüfung durch das Bankenaufsichtsamt entzogen war.

Aber auch andere deutsche Banken mußten mit Mitteln des eigens von der Bundesregierung 2008 geschaffenen Finanzmarktstabilisierungsfonds gerettet werden, darunter vor allem die Hypo Real Estate mit 9,8 Mrd. Euro, die Commerzbank mit 18,2 Mrd. Euro und die WestLB mit 3 Mrd. Euro jeweils für die Rekapitalisierung der angeschlagenen Institute. Die Gläubiger dieser Banken, die deren Anleihen mit hohen Zinssätzen erworben hatten, wurden jedoch von jedem Rückgriff verschont. Ein „Bail-in" wie es später bei den Banken Zyperns praktiziert wurde, gab es nicht. Überall in der Eurozone konnten die wohlhabenden Bankengläubiger, zu denen nicht zuletzt andere Banken zählten, in einem perfekten Akt der Sozialisierung von Verlusten ihr Schäflein unbeschädigt ins Trockene bringen.

Am Ende müssen als ungefragte Opfer die Steuerzahler für die Verluste aus diesen verschiedenen Formen an Sozialisierung aufkommen und auch die Armen der Gesellschaft, wenn deren Sozialleistungen zum Haushaltsausgleich gekürzt werden sollten.

3. Das Eurosystem und die EZB: Schattenhaushalte für die Euro-Rettung

Das Eurosystem, in dem die Notenbanken der Eurozone existieren, braucht eine Liste in der Außenstände zwischen ihnen angeschrieben werden können. Wenn Zentralbankgeld von einer nationalen Notenbank des Eurosystems an eine andere überwiesen wird, entstehen Verbindlichkeiten und Forderungen gegenüber der Europäischen Zentralbank, die als Clearingstelle fungiert. Bei der belasteten Notenbank entsteht ein negativer TARGET2-Saldo und bei der empfangenden Notenbank entsteht ein positiver TARGET2-Saldo. Die Salden werden Jahr um Jahr, verzinst mit dem Hauptrefinanzierungssatz des EZB-Systems, akkumuliert und fortgeschrieben. Anders als zwischen den Teilstaaten der USA findet in der Eurozone kein Ausgleich zum Jahresende statt.
Praktisch besorgen sich die Notenbanken also die Euros im Rahmen von Target2 quasi über die Notenpresse. Sie schreiben die Beträge selbst im Eurosystem an, ohne daß es dafür eine Begrenzung gäbe. Das ist praktisch wie eine Kreditkarte ohne Limit, nur daß der Zins mit 1 % sehr niedrig ist. Die Notenbank überweist dann das Geld mit der Anschreibung beispielsweise an die Bundesbank, die es an die angegebene deutsche Bank weiterleitet. Zum Ausgleich entsteht der Bundesbank ein Guthaben im Eurosystem. Für solche Guthaben haften alle Notenbanken der Eurozone, die Bundesbank beispielsweise entsprechend ihrem EZB-Anteil mit 27 %. Die

Mittelnachfrage der Notenbanken in den Krisenländern hat das Target2-Konto der Bundesbank bis Augst 2012 dramatisch auf 751 Mrd. Euro hochgefahren – weit mehr als das Doppeltedes Bundeshaushalts und etwa ein Viertel der gesamten jährlichen deutschen Wirtschaftsleistung[10]. Nachdem die Rettungstöpfe für Kredite an die Krisenländer Griechenland, Spanien, Portugal und Irland aufgemacht wurden, verminderte sich der Saldo wieder etwas und steht Mitte 2015 bei 531 Mrd. Euro. Wenn die Eurozone zusammenbleibt, müßte die Bundesbank bei Zahlungsunfähigkeit des Eurosystems für 27 % des Ausfalls eintreten. Fällt jedoch die Eurozone auseinander, so müßte wohl der gesamte horrende Betrag zu sehr großen Teilen abgeschrieben werden.

Target2 dient in jüngster Zeit zunehmend auch dem Ausgleich von Kapitalströmen, wenn ängstliche Anleger z.B. Geld aus Griechenland nach Deutschland transferieren und sich die griechische Bank die Mittel dafür über ELA-Notkredite (siehe unten) beschaffen muß. Es dient aber auch der Finanzierung fortbestehender Leistungsbilanzdefizite, soweit private Banken aus den Überschußländern dies nicht mehr tun wollen. So verliefen die Bewegungen des kumulierten deutschen Leistungsbilanzüberschusses und des Target2-Saldos der Bundesbank seit Ausbruch der Kreditkrise in 2007 und stärker noch seit Ausbruch der Eurokrise in 2009 ziemlich ähnlich nach oben. Natürlich war die Selbstbedienung über Target2 nie dazu gedacht, in dem Umfang als Kriseninstrument und Transfermechanismus mißbraucht zu werden, wie dies geschehen ist.

Daneben greift auch die EZB selbst als Feuerwehr immer wieder ein und bewegt sich dabei am Rande ihres Verantwortungsbereichs für die Finanzmarktstabilität. Jedes Mitgliedsland hat hier nur eine Stimme und Deutschland soviel Gewicht wie Malta. Da die Krisenländer zusammen mit Frankreich eine Mehrheit haben, die oft als der „ClubMed" ange-sprochen wird, wurde bei schwierigen Entscheidungen der deutsche Vertreter der Bundesbank ein um das andere Mal überstimmt. Einige deutsche Vertreter haben prompt das Handtuch werfen müssen und sind frustriert ausgestiegen. Daß auch alle Präsidenten der EZB von ihrer Herkunft her diesem Lager angehört haben oder angehören, macht die Situation noch prekärer.

Die EZB spielt eine enorme Rolle in der Finanzierung der Krisenländer, auch wenn das nicht ihre Aufgabe sein sollte. So erlaubt sie Notkredite der nationalen Notenbanken an ihre Banken aus dem Eurosystem (so genannte ELA-Kredite) und hat in Einzelfällen die Sicherheiten dafür erheblich abgesenkt, besonders zuletzt bei Griechenland. So können auch Staatsanleihen selbst dann noch als Sicherheiten für solche Kredite eingesetzt werden, wenn die Staaten selbst in Schieflage sind. Vor allem hat die EZB immer wieder Staatsanleihen der Krisenländer aufgekauft, was nach der ihr verbotenen Finanzierung von Staaten riecht. Sie hat sogar angedroht, in unbegrenztem Umfang solche Staatsanleihen zu erwerben, wozu noch eine Klage vor dem Bundesverfassungsgericht zu entscheiden ist. Sie hat nun im Januar 2015 angefangen, in monatlichen Raten von 60 Mrd. Euro Staatanleihen und Wertpapiere verschiedener Arten aufzukaufen, um so 1,1 Billionen Euro in den Markt zu pumpen, womit sie angeblich die Deflation bekämpfen will.

Alle diese Liquidität schaffenden Maßnahmen der EZB haben bisher wenig Einfluß auf die Wirtschaftsentwicklung und die Inflationsraten in der Eurozone gehabt. Nirgendwo in den Krisenländern zeigen die Verbraucherpreise besonders nach oben[11]. Nur in Irland und Portugal ist die Arbeitslosenquote deutlich gefallen; in Italien ist sie sogar gestiegen[12]. Liquidität scheint ohnehin im Überfluß vorhanden zu sein. Es fehlt eher an solventen Kreditnehmern und ausreichender Nachfrage nach Liquidität. Sehr viel dieser Liquidität landet daher in spekulativen Finanzanlagen, von denen ein erneutes Risiko der Blasenbildung ausgeht. Soweit das Eurosystem zu einem Transfermechanismus verbogen wird, hat es für die Gläubigerländer den einstweiligen politischen Vorteil eines Schattenhaushalts, der die nationalen Haushalte noch nicht belastet und nicht zu Steuererhöhungen oder Haushaltseinsparungen an anderer Stelle zwingt.

4. Rettungsschirme und Rettungsprogramme

Noch vor der Einrichtung der offiziellen Rettungsschirme wurde im Mai 2010 ein erstes Rettungspaket für Griechenland vereinbart, um eine unmittelbar drohende Pleite des Landes zu vermeiden. Die Euroländer und der IWF verpflichteten sich, 80 Mrd. Euro bzw. 30 Mrd. Euro aufzubringen. Die Auszahlung war in einzelnen Tranchen in Abhängigkeit vom Finanzierungsbedarf vorgesehen. Bis Ende 2011 wurden dann von den Euroländern Kredite in Höhe von 52,9 Mrd. Euro ausgezahlt. Die noch nicht ausgeschöpften Mittel sollten über den neu errichteten EFSF (European Financial Stability Facility) ausgereicht werden. Diese wurde von den Eurostaaten als Reaktion auf die sich abzeichnende Zahlungsunfähigkeit von Griechenland, Irland und Portugal im Mai 2010 beschlossen und ist seit August 2010 handlungsfähig. Das Kapital von bis zu 440 Mrd. Euro wird durch Anleihen am Kapitalmarkt aufgenommen. Dafür haften die Mitgliedstaaten der Eurozone bis zu 780 Mrd. Euro mit Anteilen, die sich nach der Höhe des Kapitalanteils an der Europäischen Zentralbank richten. Der überschießende Haftungsrahmen wurde für notwendig gehalten, um der EFSF am Kapitalmarkt einen niedrigen Zins und den AAA-Status zu sichern. Für Deutschland sind das, gemessen an den 440 Mrd. Euro, rund 28 % oder bis zu 123 Mrd. Euro. Im Juli 2011 beschloß der Europäische Rat gegen anfänglichen Widerstand der Bundesregierung, der EFSF den Aufkauf von Staatsanleihen überschuldeter Staaten auf dem Sekundärmarkt zu gestatten, wenn die Mitgliedstaaten dem zustimmen. Damit kam die EFSF der eigentlich in der EU untersagten Staatenfinanzierung sehr nahe.

Als Nachfolger der EFSF wurde vom Europäischen Rat im Dezember 2010 der Europäische Stabilitätsmechanismus (ESM) ohne zeitliche Begrenzung aus der Taufe gehoben, nachdem sich die Sorgen wegen der Finanzlage Spaniens und Italiens verstärkt hatten. Den Vorsitz hat erneut Klaus Regling übernommen, dessen Rolle in der Brüsseler Euro-Vorkrisengeschichte schon kritisch beleuchtet wurde. Wieder hat Deutschland als größter Geldgeber und Haftender im Gouverneursrat und im Direktorium nur eine Stimme. Der ESM kann erstens Mitgliedstaaten, die grundsätzlich über gesunde Fundamentaldaten verfügen, bei kurzfristigen Finanzierungsschwierigkeiten Unterstützung durch Bereitstellung einer Kreditlinie gewähren, ohne daß ein Reformprogramm vereinbart werden muß. Er kann zweitens Darlehen zur Überbrückung von Finanzierungsschwierigkeiten gewähren, wobei das betreffende Land sich im Gegenzug zu einem Reformprogramm verpflichten muß. Drittens kann er Darlehen zur Rekapitalisierung von Finanzinstituten zur Verfügung stellen, wobei nur das europäische Beihilferecht eingehalten werden muß, aber kein allgemeines Reformprogramm für das Land zu vereinbaren ist. Viertens kann er sich am Ankauf von Anleihen eines ESM-Mitglieds nicht nur auf dem Sekundärmarkt sondern auch dem Primärmarkt beteiligen, um das entsprechende Land auf dem Primärmarkt zu halten, wobei auch hierfür kein Reformprogramm erforderlich ist. Mit dem Aufkauf am Primärmarkt, also direkt bei Ausgabe von Anleihen durch eine

Regierung, geht der ESM noch mehr in die Staatenfinanzierung als die EZB, die sich auf den Sekundärmarkt beschränkt.

Der ESM hat eine Kapitalbasis von 700 Mrd. Euro, von der 80 Mrd. Euro aus eingezahltem Kapital bestehen. Auf Deutschland entfallen davon 190 Mrd. Euro. Die Bundesregierung ist vom Bundesverfassungsgericht verpflichtet worden, völkerrechtlich sicherzustellen, daß dieser Betrag nur mit Zustimmung des Bundestags überschritten werden darf. Der EMS hat bei seinen Stützmaßnahmen auf den Status als bevorrechtigter Gläubiger, den beispielsweise der IWF und bisher die EFSF haben, verzichtet. Damit haftet er im gleichen Umfang wie alle Gläubiger. Frankreich und einige Krisenländer spielen immer wieder mit dem Gedanken, der ESM könne seine Feuerkraft verstärken, indem er wie jede Bank Kredit bei der EZB aufnimmt, sich also praktisch hochhebelt, wie es die Zockerbanken vor der globalen Finanzkrise getan haben.

Deutschland ist aus bereits ausgezahlten Mitteln der Hilfsprogramme für Griechenland, Portugal, Irland, Spanien und Zypern von insgesamt 397 Mrd. Euro im Risiko. Das Potenzial an Gesamthaftung beläuft sich nach Berechnungen des Ifo-Instituts, noch ohne die Anteile an der EZB und dem IWF, auf 850 Mrd. Euro. Im Bundeshaushalt werden aber einstweilen nur Belastungen im Umfang von 25 Mrd. Euro landen. Das zeigt, wie sehr bei den Rettungstöpfen mit Schattenhaushalten gearbeitet wird, die nicht als Haushaltsbelastungen in Erscheinung treten. Das ist letztlich ein vor dem uninformierten Steuerzahler getarnter Transfermechanismus in Warteposition.

Die Hilfen aus den Rettungsschirmen haben feste Verpflichtungen zu Haushaltseinsparungen und Reformen der Empfängerländer zur Voraussetzung. Das noch zu behandelnde Beispiel Griechenlands zeigt, wie schwer solche Verpflichtungen durchzusetzen sind. Andererseits hat Irland alle Verpflichtungen erfüllt und konnte aus dem Programm entlassen werden. Es hat inzwischen auch wieder Zugang zu den internationalen Finanzmärkten gefunden. In Spanien baut sich dagegen unter der Führung von Podemus und nach griechischem Vorbild populistischer Widerstand gegen das dortige Reformprogramm auf.

5. Die Schuldenunion der Banken als Teil der Transferunion

Die Banken der Eurozone sind überwiegend in einem schlechten Zustand, einige sogar sehr schlechten. Bis zum Ausbruch der Krise haben sie jahrelang ihre Bilanzen aufgebläht, viele Anlagen in miesen Wertpapieren vorgenommen und viele Kredite leichtsinnig gewährt, die nun angebrannt sind. Das Kreditvolumen an private Haushalte verdoppelte sich[13]. Zudem haben sich viele mit Staatsanleihen ihrer eigenen Regierungen vollgetankt, die zwar als angeblich sicher nicht auf das Eigenkapital angerechnet werden mussen, aber durchaus unsicher geworden sind. Seit 2008 haben die europäischen Steuerzahler schon rund 4,5 Billionen Euro in Form von Kapitaleinlagen, Garantien und in anderer Form an ihre Banken gegeben, was besonders die Staatsverschuldung der Krisenländer nach oben getrieben hat.

Ein besonders hervorragendes Beispiel sind die spanischen Banken. Ihre gesamte Bilanzsumme und dementsprechend die Verschuldung ist bis Ende 2011 auf gigantische 3,7 Billionen Euro oder den 3 ½-fachen Wert der jährlichen Wirtschaftsleistung des Landes explodiert und seitdem nur langsam auf 3,0 Billionen Euro zurückgegangen[14]. In dieser Lage hat Spanien im Juni 2012 finanzielle Hilfen von den Mitgliedstaaten des Euroraums zur Stützung seiner Banken beantragt, da sich das Land nicht in der Lage sah, die erforderliche Rekapitalisierung selbst durchzuführen. Nachdem sämtliche Umsetzungsberichte der EU-Kommission und der EZB die fristgerechte Um-setzung der Programmauflagen bestätigten, wurden insgesamt rund 41,3 Mrd. Euro in Form von ESM-Papieren an den spanischen Bankenrestrukturie-rungsfonds FROB ausgereicht. Nach einigen vorzeitigen Rückzahlungen stehen noch 38,2 Mrd. Euro des Kreditbe-trags aus.

Seit der Krise haben die Banken ihre Kreditgewährung an Unternehmen und private Haushalte erheblich zurückge-fahren und bremsen damit die Wirtschaftsentwicklung[15], wo-bei aber auch die Nachfrage nach Krediten zurückgegangen ist.

Wirksame Reformen des Bankensektors der Eurozone sind bisher verschleppt worden. Immer noch betreiben eini-ge Großbanken ungetrennt das riskante Investitionsbanken-geschäft neben dem klassischen Geschäft der Verwaltung von Kundengeldern und sind damit systemkritisch aufgestellt. Die Bank für Internationalen Zahlungsausgleich (BIZ) hat in ihrem Quartalsbericht vom September 2012 das Ergebnis einer Analyse der Bilanzen und der gezeichneten Konsortialkredite von großen, international tätigen Banken vorgelegt. Dabei zeigte sich, daß gerettete Banken die Risi-ken bei der Vergabe neuer Kredite nicht erheblich stärker ver-ringerten als nicht gerettete Banken. Die staatlichen Bank-rettungsprogramme führten also zu einer Art Sittenverfall selbst bei den schon einmal geretteten Banken. In der Erwar-tung, der Staat werde schon wieder einspringen, gingen die Bankvorstände weiter große Risiken ein.

Angesichts dieser Lage der Banken wurden von den Euroregierungen auf dem Weg in die Transferunion bereits starke Pflöcke eingeschlagen. Dazu gehört erstens eine Vergemeinschaftung der Sicherungssysteme für Bankkonten, was praktisch eine Schuldenunion der Banken bedeutet, und eine Haftung des ESM, solange der gemeinschaftliche Einlagensicherungsfonds nicht ausreichend aufgefüllt ist. Zweitens kann der ESM für die Rekapitalisierung der Banken eingesetzt werden, wobei die EZB über die neue, nun vergemeinschaftete Bankenaufsicht das Kommando führt. Mit den Banken werden praktisch die Staaten gestützt, die sonst selbst für ihre Banken aufkommen müßten, so daß auch dies eine Form des eigentlich verbotenen Bail-out ist. Beides, der gemeinschaftliche Einlagensicherungsfonds und die gemeinschaftliche Bankenaufsicht durch die EZB mit der Rekapitalisierung aus dem ESM, wurde von Bundeskanzlerin Merkel in den frühen Morgenstunden des 29. Juni 2012 nach einer langen und schicksalsträchtigen Nachtsitzung des Europäischen Rates in Überschreitung der selbstgezogenen "roten Linie" zugestanden.

Die Bankenaufsicht durch die EZB hat es in sich. Auf Wunsch der Krisenländer, Frankreichs und der EU-Kommission sollen alle 6000 Banken der Eurozone von den Kontrollen erfaßt werden. Obwohl es eigentlich ausreichen sollte, die größeren systemrelevanten und grenzüberschreitenden Institute zu regulieren, geht es um die viel größere Zahl vor allem deshalb, weil darin viele angeschlagene lokale Banken sitzen, nicht zuletzt die spanischen Cajas. Wieder wird Deutschland über den ESM und seine Banken und Sparkassen zum potenziellen Hauptzahlmeister für die Schulden der Banken aus Konteneinlagen werden. Der gemeinsame Einlagensicherungsfonds wird alle Kundeneinlagen aller Eurozonenbanken abdecken. Wie Otmar Issing, ehemaliges Vorstandsmitglied der EZB, in einem Kommentar in der Financial Times schrieb, bedeutet eine gemeinsame Garantie praktisch eine teilweise Enteignung der Konten in den gesunderen Euroländern. Besonders die 1.500 deutschen Sparkassen und Genossenschaftsbanken haben immer wieder Alarm geschlagen: „Die Übernahme von Zahlungspflichten für ausländische Banken würde das Vertrauen unserer Kunden in die Sicherheit ihrer Spareinlagen gefährden." Anders als in den anderen Eurozonenländern haben die deutschen Sparkassen und Genossenschaftsbanken ihr eigenes Einlagensicherungssystem, für das sie gemeinsam haften und Mittel zur Seite gelegt haben. Die EU-Kommission will diese Notfalltöpfe nun in der Eurozone vernetzen. Damit gerät ein wesentlicher Teil des deutschen Geschäftsmodells in Gefahr.

Die Schuldenunion der Banken ist so ein gewaltiger Schritt in Richtung der Eurozone als Transferunion geworden.

6. Griechenland: Krise ohne Ende

Griechenland war nicht für den Euro reif, drängte sich aber hinein und hatte dabei viele Fürsprecher und Mittäter. Für einige von ihnen ging es, wie beim Euro selbst, nicht um die biedere Ökonomie sondern nur um die politische Gestaltung Europas, die Verwirklichung einer Vision europäischer Größe und seiner Rolle in der Welt. In diesem Prozeß verlor das Land auch noch die geringe Wettbewerbsfähigkeit, die es zuvor hatte, geriet in extreme Verschuldung seiner Regierung und Bevölkerung und mußte als erstes Land der Eurozone Rettungsversuche über sich ergehen lassen, die längst noch nicht zu Ende sind. Anders als bei einigen anderen Krisenländern haben die verordneten Rezepturen bisher wenig geholfen, soweit der Patient sie überhaupt zur Anwendung gebracht hat. Eine Daueralimentierung, wie sie zwischen deutschen Bundesländern stattfindet, kann nicht mehr ausgeschlossen werden. Wie in keinem anderen Euroland zeigen sich hier die Opfer des Euro und seiner Krise auf der Seite der Armen und sozial Benachteiligten. Es zeigen sich aber auch und gerade für Deutschland die Risiken auf dem Weg in die Transferunion.

6. Griechenland: Krise ohne Ende

Der Beitritt 2001

Eines der Länder, die unbedingt schnell in den Euro wollten, war Griechenland. Der Grund lag auf der Hand. Das Land hatte sich im Ausland stark verschuldet. Die Schuldenquote, die die Staatsverschuldung an der jährlichen Wirtschaftsleistung mißt, war über 100 % gestiegen[16]. Die Finanzmärkte zeigten Unruhe und hatten begonnen, gegen die Drachme zu spekulieren. Der Zins für langjährige Staatsanleihen lag bei etwa 10 % und belastete den Staatshaushalt schwer. Daher rettete sich Griechenland 1998 zunächst in den Europäischen Wechselkursmechanismus (ERM). Ein erster Antrag auf Aufnahme in den Euro gleich zum Zeitpunkt seiner Einführung war noch abgelehnt worden. Alle vier Voraussetzungen, nämlich bei der Inflation, beim Haushaltsdefizit, bei den Schulden und bei den Zinsen für Staatsanleihen erfüllte das Land zu diesem Zeitpunkt nicht.

Im zweiten Anlauf wurde Griechenland dann 2001 doch aufgenommen. Seine Regierung hatte zuvor für 1997 bis 1999 falsche Angaben über das staatliche Haushaltsdefizit an die Europäische Union gemeldet. Das ging später aus einem Bericht des europäischen Statistikamts Eurostat hervor. Danach lag das Haushaltsdefizit in diesen drei Jahren, die als Referenzzeitraum für den Beitritt des Landes in die Europäische Währungsunion im Jahr 2001 galten, jeweils oberhalb des Maastrichter Referenzwerts von 3 % des Bruttoinlandsprodukts. Nach einer späteren Überprüfung durch Eurostat belief sich das Staatsdefizit 1997 auf 6,4 %, 1998 auf 4,1 % und 1999 auf 3,4 %. Der Konvergenzbericht für Griechenland, der die Grundlage für den Beschluß zur Aufnahme des Landes in die Währungsunion bildete, hatte dagegen nur Defizite von 4 % (1997), 2,5 % (1998) und 1,8 % (1999) ausgewiesen, was einem Durchschnittswert von 2,76 % entsprach. Auf der

6. Griechenland: Krise ohne Ende

Basis der aktualisierten Daten des Internationalen Währungsfonds errechnen sich heute 4,4 %[17]. Die griechische Staatsverschuldung lag eh weit über den Maastricht-Kriterien[18].
Nach und nach kamen all die Tricks ans Licht, die Griechenland benutzte und die von den Aufpassern geduldet wurden. Die meisten waren schon bei Belgien und Italien zur Anwendung gekommen. So halfen die amerikanischen
Investmentbanken JP Morgan Chase und Goldman Sachs
über einen Zeitraum von rund 10 Jahren, den gigantischen
Schuldenberg durch komplexe Finanzkonstrukte vor den
Haushaltsexperten in Brüssel zu verstecken. Wie die „New
York Times" berichtete, wurden mit Hilfe von Goldman Sachs
heimlich Milliardenkredite aufgenommen. Mit diesem zusätz-
lichen – als Fremdwährungstransaktionen getarnten – Fremd-
kapital konnte Griechenland weiter über seine Verhältnisse
leben, ohne die EU-Stabilitätskriterien zu verletzen. Im Gegenzug wurden vom griechischen Staat künftige Einnahmen, beispielsweise aus Flughafengebühren und Lotterien, an Goldman
Sachs abgetreten. Für diesen „Service" soll Griechenland an
die US-Banken 300 Mio. Dollar gezahlt haben.
Als die EU-Kommission und die Bundesregierung unter
Kanzler Gerhard Schröder im Frühjahr 2000 die Aufnahme
Griechenlands in die Eurozone befürworteten, lagen ihnen
bereits Hinweise auf Manipulationen vor. Das soll nach einem
Bericht des „Stern" aus internen Akten des Bundeskanzler-
amtes und der EU-Kommission hervorgehen. So hatte
Eurostat bereits im Frühjahr 1999 in zwei Schreiben die Brüs-
seler Kommissionsbehörden über möglicherweise manipu-
lierte griechische Defizitzahlen informiert. Die Warnungen
wurden jedoch damals von der Kommission zurückgewiesen.
Ein Direktor von Eurostat schrieb am 12. Mai 1999 einem Mit-
arbeiter des damals für Wirtschaft und Währung zuständigen
EU-Kommissars Yves-Thibault de Silguy, daß die griechische

Regierung offenkundig die milliardenschweren EU-Transfer-
zahlungen an Athen dazu nutze, in unzulässiger Weise ihre
Budgetzahlen zu frisieren. Am 1. Juni 1999 wies auch der
damalige Eurostat-Chef Yves Franchet den Generaldirektor
für Wirtschaft und Finanzen der EU-Kommission Klaus
Regling auf dieses Problem hin. Dieser antwortete in einem
dem „Stern" vorliegenden Brief: „Ich gehe davon aus, daß
Eurostat weder rechnerische Korrekturen plant, noch die Debatte über dieses Thema fortzusetzen wünscht" – nichts an-
deres als ein Maulkorb. Regling schadete das nicht: Er ist heute
höchstbezahlter Chef der Rettungsschirme.

Außerdem lagen dem Kanzleramt in Berlin Anfang 2000
mehrere kritische Vermerke aus der EU-Kommission zu den
Schwächen der griechischen Volkswirtschaft vor. Die Brüsseler Experten verwiesen auf die vergleichsweise geringen
Industrieexporte Griechenlands, auf ein „sehr großes Defizit"
in der Handelsbilanz und eine hohe Abhängigkeit von EU-Sub-
ventionen in der Rekordhöhe von 5 % des Bruttoinlands-
produktes. Sie sprachen überdies von „Warnsignalen" bei der
Wettbewerbsfähigkeit und von einer durch den Eurobeitritt
drohenden stärkeren Inflation. Auf den möglichen ökonomischen „Schock", den der Beitritt zur Währungsunion auslö-
sen werde, sei Griechenland nicht vorbereitet. Man hätte durchaus hinzufügen sollen, daß Griechenland unter einer
endemischen Form von Korruption, Steuervermeidung,
Klientelismus und unfähigen, aber dennoch überbezahlten
Beamten litt, wie jetzt immer noch.

Entgegen den kritischen Hinweisen aus Brüssel und allen anderen Erkenntnissen über Manipulationen der griechischen Haushaltsdaten hat Gerhard Schröder in der Frage der
Aufnahme Griechenlands immer nur auf das positive Votum
der EU-Kommission verwiesen. Wir haben es hier in Bezug
auf Griechenland klar mit einem der „Täter" der Eurokrise zu

tun, wie er schon mit seinen Anstößen zu deutschen Niedrig-
löhnen und ihrem Schaden für die Eurozone in anderer Weise als einer der Täter markiert wurde. Außerdem hatte bereits
im Jahr 2000 der Präsident der Hessischen Landeszentral-
bank und Mitglied im Vorstand der Bundesbank Hans Reckers
vor einem vorschnellen Beitritt der Griechen zur Währungsunion gewarnt. Bundesfinanzminister Hans Eichel tobte. Er
forderte die Bundesbank auf, den Kritiker aus den eigenen
Reihen zum Schweigen zu bringen. Auch Eichel hatte sich in
die Schar der Täter eingereiht.

Nach Beitritt zum Euro konnte Griechenland seine
Haushaltsdaten gefahrlos weiter manipulieren. Für die Jahre
2000 bis 2003 hatte die griechische Regierung vor allem Mili-
tärausgaben zu gering und Überschüsse aus der Sozialver-
sicherung zu hoch veranschlagt. Ebenso wurden in den Jahren 2003 bis 2005 die Defizite nach unten manipuliert[19]. Doch
Sanktionen hat es auch dann nicht gegeben. Jedenfalls haben die EU-Behörden lange nichts unternommen, obwohl die
griechische Nationalbank die „richtigen" Zahlen schon früher
veröffentlicht hatte. Niemand der Verantwortlichen war offen-
sichtlich bereit, dem Land mit dem Geburtsschein auf die europäische Kultur auf die Füße zu treten. Oder gab es noch
andere Gründe? Immerhin hat Deutschland in der gleichen
Zeit seine Exporte von Rüstungsgütern nach Griechenland
hochgefahren, wovon nicht zuletzt die Werften in Niedersach-
sen profitierten, was Schröder sehr am Herzen lag.

Die mit der Aufgabe der Überwachung der Konvergenz-
kriterien der Eurozone beauftragte EU-Kommission ist ihrer
Verantwortung ebenfalls nicht gerecht geworden. Nur so konnte die Euro-Krise später mit solcher Vehemenz und Plötzlich-
keit über Griechenland herfallen. Einer der deutschen Beamten, die in entscheidender Position bei der Geburt und später
der Aufsicht über den Euro beteiligt waren, war Klaus Regling,

6. Griechenland: Krise ohne Ende

2001 mit Unterstützung der Bundesregierung zum Generaldirektor für Wirtschaft und Finanzen in der Brüsseler EU-Kommission, der höchsten dortigen Beamtenposition, bestellt. Dies war auch die für das Schicksal des Euros wichtigste Beamtenposition, die Regling bis 2008, also bis zum Ausbruch der Krise, innehatte. Es waren die entscheidenden Jahre, in denen die Erweiterung der Eurozone um das unglückliche Griechenland erfolgte und in denen die Wirtschafts- und Verschuldungsentwicklung sowie die Haushaltsdisziplin Griechenlands von Brüssel aus zu überwachen waren, ebenso wie die der anderen heutigen Krisenländer. Später räumte Regling im Interview mit der Frankfurter Rundschau vom 22. Oktober 2010 immerhin ein, es sei ein Fehler gewesen, daß er als Brüsseler Kontrolleur vor allem auf die Staatsfinanzen geschaut habe, statt ein breiteres Spektrum von makroökonomischen Parametern zu überwachen.

Der Euro zerstört die Wettbewerbsfähigkeit

In den Jahren beginnend mit der Aufnahme in den Euro entschied sich das griechische Schicksal ziemlich schnell und ziemlich eindeutig. Das Land verlor sein ohnehin geringes Maß an Wettbewerbsfähigkeit immer mehr. Die Löhne stiegen viel zu schnell und viel schneller als die Produktivität. Es wurde billiger, viele Produkte zu importieren, statt sie im Lande zu produzieren. Die Türkei, der abwertungsfähige Konkurrent von nebenan im Tourismus und bei vielen Produkten, wie Oliven, erstarkte gleichzeitig immer mehr. Der durch den Eurobeitritt stark abgesenkte Kreditzins erlaubte zudem, den Konsum immer mehr durch Verschuldung zu finanzieren statt durch Exporte oder Tourismuseinnahmen.

Auch der Staat konnte den aufgeblähten Beamtenapparat nun teils auf Kredit unterhalten. Die Staatsausgaben wur-

27

den schon längst vor der Ende 2007 ausbrechenden internationalen Kreditkrise unverantwortlich hochgefahren[20]. Die Staatsverschuldung stieg nominal bis Ende 2008 noch um 80 %[21] (weniger, wenn man sie an dem künstlich aufgeblähten BIP mißt, siehe unten). Der Schuldenberg ist zu 88 % oder fast vollständig in den Jahren vor 2010 gewachsen und hat seitdem nur um weitere 14 % zugenommen, kann also nicht den mit den Partnern damals vereinbarten Reformprogrammen in die Schuhe geschoben werden, wie dies häufig geschieht. Ebenso sind die Haushaltskürzungen nicht einfach den Hilfsprogrammen anzulasten. Jede Regierung hätte bei einem Defizit von über 15 % des BIP in 2009 energisch die Ausgaben kürzen müssen. Der Zwang ging am Ende von den Finanzmärkten aus, die nicht mehr bereit waren, mit beliebigem Aufkauf von Staatsanleihen diese Defizite weiter zu finanzieren. Es ist nicht besonders ehrlich, auch dafür in erster Linie oder allein den Hilfsprogrammen die Schuld zu geben.

In nur sieben Jahren zwischen 2001 und 2008 vor Ausbruch der Krise stieg der durchschnittliche Nettoverdienst für Alleinstehende ohne Kinder verbraucherpreisbereinigt um etwas mehr als 30 % und dann weiter bis 2010 noch auf fast 70 % gegenüber dem Ausgangswert[22]. Seitdem sind die Löhne durchschnittlich noch längst nicht genug gesunken, um das Land innerhalb des Euro wettbewerbsfähig zu machen. Trotz extremer Arbeitslosigkeit liegen sie für eine Einzelperson um die Entwicklung der Verbraucherpreise bereinigt immer noch in der Nähe oder über dem Niveau von 2009 vor Ausbruch der Krise und um 40 % und mehr über dem Niveau von 2001. Dabei und deswegen ist das Land extrem exportschwach geblieben[23]. Nicht überraschend hat Griechenland einen sehr niedrigen Beschäftigungsanteil in Hoch-und Mittelhochtechnologie-Sektoren von nur 1,2 %[24]. Im letztgemeldeten Jahr 2013 lagen Griechenlands für den internationalen Wettbewerb

6. Griechenland: Krise ohne Ende

bei Handel und Tourismus entscheidenden Lohnstückkosten immer noch um 36 % über dem Niveau des Jahres 2000, während die Konkurrenten in Osteuropa und viele andere erfolgreich ihre Kosten senken konnten[25,26].

Unterstützt von dem Zufluß an Krediten haben die privaten griechischen Haushalte viele Jahre lang dramatisch über ihre Verhältnisse gelebt[27]. Sie steigerten ihren Verbrauch bis zum Ausbruch der Krise im 1. Quartal 2009 verbraucherpreisbereinigt um nicht weniger als 37 %, während die Eurozone insgesamt nur um 10 % zulegte, also fast viermal stärker. Dann begann der Absturz bis zum 3. Quartal 2013 etwa auf den Ausgangswert vor Eurobeitritt zurück, gefolgt von einer leichten Erholung um 3 % bis zum 1. Quartal 2015. Seitdem dürfte sich der Abschwung des privaten Verbrauchs unter dem Eindruck der schwierigen innenpolitischen Lage mit starker Kapitalflucht und Zurückhaltung von Steuern wieder fortgesetzt haben. Nun kann das Land einfach nicht durch weitere Gelder der Eurozone in die Nähe des Niveaus an privatem Verbrauch zurück gebracht werden, das das Land Dank der Kreditblase im Jahr 2008 künstlich erreicht hatte.

Auch ein Vergleich mit dem anderen in vielerlei Hinsicht vergleichbaren Krisenland Portugal zeigt, wie extrem der private Pro-Kopf-Verbrauch in Griechenland hochgefahren wurde. Verglichen mit dem Durchschnitt der Eurozone stieg er in Griechenland auf 94 %, dagegen in Portugal nur auf 70 %. Beide Länder haben nun wieder etwa denselben Abstand zum Durchschnitt der Eurozone, den sie im Jahr 2000 hatten[28].

Interessant ist der Vergleich mit der Türkei. Dieser benachbarte Hauptkonkurrenten im Tourismus und bei vielen Agrarprodukten und einfachen Industriegütern mit zollfreiem Zugang zur EU hat ein in Euro ausgedrücktes Lohnniveau, das um 53 % (!) unter dem griechischen liegt gegenüber 40 % noch 2001 bei Eintritt Griechenlands in den Euro - ein gewaltiges Handikap[29]. Der Graben in der Arbeitsproduktivität

Griechenlands ghat sich seit dem Jahr 2002 ebenfalls um fast 30 % zum Nachteil Griechenlands entwickelt[30].

Der schuldenfinanzierte Konsumboom von Haushalten und Staat trieb natürlich sehr künstlich und ohne Rücksicht auf die Nachhaltigkeit die am Konsum gemessene Wirtschaftsleistung des Landes mit einem Anstieg um mehr als 30 % hoch und ließ das Land fälschlich als einen Gewinner des Euros erscheinen[31].

Mehr braucht man eigentlich nicht zu wissen, um die Entstehung der griechischen Tragödie von der ökonomischen Seite her zu verstehen. Die Konsumblase platzte unvermeidbar in dem Augenblick, als die Finanzmärkte die Finanzierung der ständig wachsenden Defizite vor dem Hintergrund der globalen Kreditkrise verweigerten. Das Ergebnis war der tiefe Einbruch der Binnennachfrage und zugleich eine Schieflage der griechischen Banken, durch die die Gelder an die griechischen Haushalte geflossen waren. Beides wiederum trieb die Arbeitslosigkeit immer höher. Um nun seine Wettbewerbsfähigkeit wieder zu verbessern und viele Produkte selbst zu produzieren statt zu importieren, müßten in Griechenland entweder die Löhne weiter fallen oder – wenn das sozialpolitisch ausgeschlossen wird – eine Abwertung wie in den Zeiten vor dem Euro erfolgen, die nur bei einem Ausscheiden aus dem Euro möglich wäre, oder die Partner in der Eurozone müßten einen sehr langen Atem haben, um mit ihren Geldern immer wieder auszuhelfen.

Die Rettungstöpfe für Griechenland

Griechenland erhielt 2010 ein erstes Hilfsprogramm, nachdem es sich hilfesuchend an seine Partner gewandt hatte. Es handelte sich dabei zunächst um bilaterale Kredite der Euro-Staaten und des Internationalen Währungsfonds (IWF).

Ein Euro-Schutzschirm fehlte damals noch. Das zweite Hilfs-paket für Griechenland aus dem Jahr 2012 umfaßte Finanz-hilfen der Europäischen Finanzstabilisierungsfazilität (EFSF) und des IWF. Dieses Programm konnte nicht wie vorgesehen abgeschlossen werden, weil Griechenland wichtige Reformen nicht umgesetzt hat.

Nach Angaben der EU-Kommission sind bisher 228 Mrd. an öffentlichen Krediten aus den zwei Rettungspaketen an die griechische Staatskasse vergeben worden. Hinzu kom-men die sogenannten Target2-Kredite, was zusammen der-zeit einen Betrag von 325 Mrd. Euro ergibt. Prof. Sinn, der Präsident des Ifo-Instituts hat das sehr schön grafisch darge-stellt[32]. Die Target2-Kredite sind Gelder aus dem Eurosystem, mit dem die griechische Nationalbank zu Lasten des Systems weit mehr Kredite an die griechischen Banken gedruckt hat, als sie nach ihrer Eigenkapitalbasis verkraften könnte, und die dann dafür verwandt wurden, um im Ausland einzukaufen oder dorthin Fluchtgeld zu transferieren. Für das jetzt zu erwarten-de dritte Rettungspaket wird mit einem Bedarf von rund 85 Mrd. Euro gerechnet.

Nach Berechnungen des ifo Instituts haftet Deutschland schon aus den zwei Rettungspaketen mit 85,2 Mrd. Euro oder 1.055 Euro für jeden Deutschen. Um eine Vorstellung von den 85,2 Mrd. Euro zu geben: Das entspricht immerhin dem Auf-kommen von fast sechs Jahren derzeitiger Solidaritätszu-schlag für die Neuen Bundesländer.

Viel prekärer sieht es jedoch auf der griechischen Seite aus. Da entfallen von den voraussichtlich 410 Mrd. Euro an Rettungskrediten aus den demnächst drei Paketen und den Target2-Krediten auf jeden der 4,4 Mio. privaten und meist re-lativ armen Haushalte fast 100.000 Euro. Niemand sollte da-von ausgehen, daß eine solche Schuldenlast, zu der noch Forderungen der privaten Gläubiger kommen, jemals zurückgezahlt werden kann. Das ist auch die Meinung des IWF (siehe Kapitel 8). Einem Schuldenschnitt vorgreifend leistet Griechenland durch ein Entgegenkommen seiner nun ganz überwiegend öffentlichen Gläubiger diesen nur noch in geringem Umfang Zinsen auf die entsprechenden Schulden, und mit im Schnitt 1,5 % weit weniger als die anderen Krisenländer. Die Kredite aus dem ESFS sind für 10 Jahre zinsfrei gestellt, die Zinsen auf Kredite der EZB werden Griechenland erstattet. Rückzahlungen aus der Griechenland Fazilität beginnen erst 2020 und reichen bis 2041, während sie aus der EFSF auf 2023 bis 2055 hinausgeschoben sind, also bis auf 40 Jahre von heute, was bei sehr niedrigen oder gar keinen Zinsen bereits einem Schuldenerlaß sehr nahekommt[33].

In Deutschland wogt eine lebhafte Diskussion darüber, ob die Rettungsgelder überhaupt in Griechenland angekommen sind. Der griechische Finanzminister Yanis Varoufakis hatte erklärt, 90% der öffentlichen Kredithilfen, die Griechenland gewährt wurden, seien dafür verwendet worden, private Kredite internationaler Gläubiger Griechenlands zu bedienen, also unter anderem die Banken Europas zu retten. Die Hilfen seien der griechischen Bevölkerung kaum zugute gekommen. Dagegen ist Prof. Sinn zu dem Ergebnis gekommen, daß von den 325 Mrd. Euro etwa ein Drittel für Einkäufe im Ausland für den griechischen Konsum verwandt wurde, wie die akkumulierte Leistungsbilanz in Abb. 32 zeigt. Die weiteren zwei Drittel der öffentlichen Kredite teilen sich nach Sinn etwa gleichmäßig auf die Finanzierung der Kapitalflucht griechischer und ausländischer Anleger auf, nur ein Drittel also auf den Abbau der Forderungen ausländischer Anleger, vor allem Banken.

Das zeigt auch ein Blick auf die Daten der Internationalen Bank für Zahlungsausgleich, bei der die Banken ihre Forderungen gegen das Ausland und auch spezifisch gegen den griechischen Staat und griechische Banken melden. Danach haben ausländische Banken ihr Engagement mit griechischen Banken und dem griechischen Staat von 174 Mrd. US$ vor Ausbruch der Griechenlandkrise im Juni 2008 auf 48 Mrd. US$ Ende März 2015 herunter gefahren. Die Differenz von 126 Mrd. US$ entspricht 35 % der öffentlichen Kredite für Griechenland[34].

Bei den Forderungen gegenüber dem griechischen Staat ist noch zu berücksichtigen, daß ein großer Teil der Forderungen der Banken in die griechische Umschuldung geriet. Insoweit diese Forderungen abgeschrieben werden mußten (der schon abgeschriebene Betrag ist nicht feststellbar), sind sie verloren gegangen und nicht etwa durch Rettungskredite mitgerettet worden. Die Schlußrechnung wird das Verhältnis von Hilfe zugunsten der eigenen Banken zum Gesamtvolumen der Rettungsgelder also noch erheblich vermindern. Ausserdem kommt nun auch noch das dritte Rettungspaket hinzu.

Gebrochene Reformversprechen

Zu beiden Rettungspaketen hat die griechische Regierung Reformen versprochen. Tatsächlich ist bisher wenig geschehen, um mehr Steuern einzutreiben, die Staatsausgaben zu senken oder den Staat effizienter zu organisieren.

Der Mindestlohn liegt über dem Niveau vieler anderer EU-Länder[35].

Griechenland hat bisher ein sehr komfortables System der Frühverrentung. Nach den Berechnungen der OECD der durchschnittliche Rentenbetrag in Griechenland bei 70,5 % des letzten Arbeitseinkommens und bei kleinem Arbeitseinkommen (halbes Durchschnittseinkommen) bei 92,5 %. Die entsprechenden Anteile beispielsweise für Deutschland liegen wesentlich niedriger bei 57,1 % und 55,2 %[36,37].

Der Militärhaushalt ist gemessen an der Wirtschaftskraft der höchste der EU und mehr als doppelt so hoch als der deutsche[38].

Der zu großen Teilen korrupte und wenig effiziente Beamtenapparat, in den alle bisherigen Regierungen - auch die derzeitige - ihre eigenen Leute eingeschleust haben, ist weit überbesetzt[39,40].

Das vereinbarte Privatisierungsprogramm ist von griechischer Seite von vornherein weitgehend boykottiert worden. Schon vor den letzten Wahlen gab es enorme interne Probleme und wurde das Programm, das ursprünglich bis 2025 Erlöse von 50 Mrd. Euro vorsah, auf nur noch 25 Mrd. Euro abgesenkt[41]. Doch bisher wurden nur 3 Mrd. Euro eingenommen und im vergangenen Jahr lagen die Erlöse bei lediglich 530 Mio. Euro. Dabei waren einige der für die Privatisierung vorgesehen Unternehmen große Verlustbringer und sollten durch die Privatisierung profitabel werden.

Gegen den seit vielen Jahrzehnten endemischen Klientelismus wurde nichts unternommen. Vor allem die Reeder, die Beamten und viele freie Berufe blieben weiter geschützt, die Restaurantbesitzer und Hoteliers wurden mit besonders niedrigen MwSt.-Sätzen verwöhnt. Selbst die Tsipras-Regierung brachte erst einmal viele ihrer eigenen Leute in der Beamtenschaft unter. So ist es kein Wunder, daß am Tage der griechischen Parlamentsabstimmung über die Aufnahme von Verhandlungen zu einem dritten Rettungspaket ausgerechnet die Beamten und die Apotheker auf die Straße gingen.

Die Krise auf dem Rücken der Armen und sozial Benachteiligten

Es war immer schon so, zuletzt in der Weltkreditkrise im globalen Rahmen und nun in Griechenland: Es sind die

Armen und ohnehin Benachteiligten, die am Meisten leiden müssen und die zu den eigentlichen Opfern der Eurokrise geworden sind. In Griechenland haben sie schon vor der Krise gelitten und leiden nun umso mehr. 1995 vor Euro-Eintritt lag die Armutsquote bei hohen 22 %, zwischen 2000 und 2010 bei durchschnittlich 20,1 % und jetzt wieder bei 23,1 %. Fast immer war Griechenland mit seiner Armut in Europa führend[42].

In Griechenland ist die soziale Verteilung besonders obszön. Bei der Einkommensverteilung zwischen dem obersten und dem untersten Fünftel lag das Land fast immer an oder in der Nähe der europäischen Spitze[43]. Dieses oberste Fünftel hat das höchste Einkommensverhältnis zum untersten Fünftel unter allen Ländern in Westeuropa[44]. Das Verhältnis ist seit Ausbruch der Krise auf einen neuen Höchstpunkt geklettert[45]. Ebenso zeigt der Gini-Koeffizient eine wesentlich ungleichere Gesellschaft an als im Durchschnitt der Eurozone und in Deutschland[46]. Dabei hat das oberste Fünftel seit 1995 um die 41 % des Nationaleinkommens auf sich konzentriert[47], das oberste Zehntel im vergangenen Jahr sogar 26 %.

Entgegen von interessierter Seite gern verbreiteter Ansicht ist Griechenland also nicht erst seit den Rettungsprogrammen das Armenhaus Europas. Doch richtig schlimm für die Armen ist es erst seit der Bankenschließung geworden und droht es mit weiteren Sparprogrammen noch zu werden. Die Renten und selbst kleine Ersparnisse werden nicht mehr voll ausgezahlt und selbst die medizinische Betreuung leidet Not. Mehr als ein Viertel aller Griechen hat keine Krankenversicherung.

Dagegen konnten die Vermögenden Tag für Tag viele Wochen lang ihr Geld unbehindert und in voller Höhe außer Landes (und auch jenseits des Steuerzugriffs) oder ins Schließfach tragen. Seit der Ankündigung der Neuwahlen im November letzten Jahres sind allein bis Mai 2015 rund 40 Mrd.

Euro von den Konten abgezogen worden, seit 2010 schon 100 Mrd. Euro (die erheblichen Beträge für Juni 2015 sind noch unbekannt[48]). Bis heute dürfte das fast so viel sein, wie alle griechischen Haushalte in einem Jahr ausgeben.

Zu den vergleichsweise besser Betuchten gehören die freien und selbstständigen Berufe. Selbständige stellen in Griechenland etwa ein Drittel der Beschäftigten, etwa der doppelte Anteil des europäischen Durchschnitts und der höchste Anteil in Europa. Sie können Steuerzahlungen relativ leicht vermeiden, zumal sie sehr oft keine Rechnungen ausstellen.

Die auch von der EZB bereits seit einiger Zeit angemahnten Kapitalverkehrskontrollen wurden von der neuen griechischen Regierung verschleppt und erst eingeführt, als für die Rentner und kleinen Sparer kaum noch Geld in den Banken war. Da die Banken schon seit längerer Zeit nicht mehr von wohlhabenden privaten Anlegern mit Geld versorgt wurden, kann man diese - anders als in Zypern - nun nicht an unvermeidbaren Bankpleiten beteiligen. Deswegen kursieren, wenn auch amtlich bestrittene Gerüchte, daß man bei der Abwicklung von Pleitebanken selbst an die Kundenkonten der kleinen Leute gehen müsse, vielleicht schon ab 8.000 Euro, wobei der Schutzfonds für die Sparer viel zu klein wäre, um die Verluste aufzufangen.

Noch schlimmer für die Armen und sozial Benachteiligten würde es bei einem Grexit kommen. In diesem Fall droht Griechenland eine mächtige Welle an Inflation, weil alle Importe, auch bei Nahrungsmitteln, Arzneimitteln und vieles mehr, auf die das Land angewiesen ist und die nicht so schnell durch Produktion im Lande ersetzt werden könnten, erheblich teurer würden. Für die Wohlhabenden mit den Euros im sicheren Ausland oder im Schießfach wäre das kein Problem. Sie könnten bei einer stark abgewerteten Drachme zu Hause sehr viel aufkaufen.

7. Die verlorenen Generationen der Eurokrise

Sucht man nach den Euro-Opfern, so stößt man sofort auf die durch die Eurokrise in den Krisenländern dramatisch angewachsenen Zahlen von Arbeitslosen. Die Arbeitslosenquoten sind mit fast 12 % aller in der Eurozone Beschäftigten und fast 24 % derer unter 25 Jahre weiterhin sehr hoch[49]. Insgesamt geht es Mitte 2015 im Euroraum um 18,5 Mio. Menschen. Die hohe Jungendarbeitslosigkeit, die in den Krisenländern bis über 50 % geht, hindert eine ganze Generation an einem normalen Einstieg ins Berufsleben[50]. Der Anteil der Kinder, die in Haushalten aufwachsen, in denen kein Elternteil arbeitet, hat sich in Spanien und Italien seit 2008 ungefähr verdoppelt und in Griechenland mehr als verdreifacht[51]. Dabei haben Kinder, deren Eltern arbeitslos sind, ein höheres Risiko, später selber arbeitslos zu werden und generell ein niedriges Bildungsniveau zu erreichen.

Nach Eurostat leben in der EU derzeit 123 Millionen Menschen oder rund 24,5 % in Armut und sozialer Ausgrenzung. Besonders schlecht sind die in den Krisenländern der Eurozone dran und hier besonders die jüngeren Generationen. Die lassen sich nur noch als eine „verlorene Generation" ansprechen. Die Zahl der unter-18-jährigen Armen und sozial Ausgegrenzten ist in Griechenland (über 38 %!), Spanien, Italien und Zypern deutlich gestiegen[52].

Die so genannten „working poor", Menschen die trotz Arbeit arm sind, liegt in allen Krisenländern sehr hoch[53].

Sehr viele hochqualifizierte Griechen wandern derzeit aus und vergrößern damit nicht selten die Probleme im Lande weiter. Ungefähr 180.000 Griechen mit Universitätsabschluß arbeiten derzeit im Ausland, etwa 12 % aller mit einem solchen Abschluß. Etwa 130.000 sollen allein seit Beginn der

Krise ausgewandert sein. Auch sie sind Opfer dieser schlimmen und dauerhaften Krise.

8. Auf dem Weg zur Transferunion: Die Eurodämmerung

Immer deutlicher zeichnet sich mit den verschiedenen Vereinbarungen der Eurozone der Weg in die Transferunion ab, bei der die Lasten der Eurokrise und anderer künftiger Krisen umverteilt werden, in der Regel vor allem hin zu Deutschland und seinen Steuern zahlenden Bürgern. Dazu braucht es nicht unbedingt die Eurobonds, die zum Reizthema in Deutschland geworden sind. Man kann das Ziel auch mit vielen kleineren Schritten erreichen, die die meisten Menschen gar nicht verstehen. Viele solcher Schritte sind schon gegangen worden. Das darzustellen und dabei Täter und Opfer der Eurokrise zu markieren, war Aufgabe dieses Buches.

Bei Griechenland ist ein kräftiger Schritt in Richtung Transferunion erfolgt, denn mit einiger Wahrscheinlichkeit werden dem dritten Rettungspaket weitere folgen müssen und, ob die Zusagen über die Beschlüsse des griechischen Parlaments hinaus jemals umgesetzt werden, wird sich zeigen müssen. Allein das Privatisierungsprogramm dürfte in diesem Umfang nicht umsetzbar sein. Der IWF, der in der Vergangenheit die Situation Griechenlands immer schön gefärbt hat, sah sich nun in seinem Papier vom 14. Juli 2015 in einem Anflug von Ehrlichkeit zu bitteren Feststellungen gezwungen. Er sieht die Schuldenquote Griechenlands in 2018 bei 200 % und noch 2022 bei unverkraftbaren 142 %. Daher fordert er eine schuldendienstfreie Gnadenperiode von 30 Jahren oder einen echten Schuldenschnitt oder jährliche Transferzahlungen in den griechischen Staatshaushalt. und das auch gleich noch für alle neuen Kredite.

8. Transferunion und Eurodämmerung

An den von den Gläubigern unterstellten starken Wirtschafts-
aufschwung glaubt er nicht mehr.

Der renomierte außenpolitische Kommentator der Financial Times Gideon Rachman schreibt denn auch: „Wenn einer kapituliert hat, war es Deutschland. Die deutsche Regierung
hat einem weiteren Rettungspaket im Prinzip zugestimmt. Im
Gegenzug hat sie Versprechungen wirtschaftlicher Reformen
erhalten von einer griechischen Regierung, die erklärterweise
tiefgreifend alles ablehnt, wozu sie jetzt zugestimmt hat." Mit
einer Transferunion ist umso mehr zu rechnen, wenn das
Entgegenkommen gegenüber Griechenland die populistischen
Parteien in Spanien, Italien und Irland ermutigen sollte, eine
ähnliche Behandlung zu verlangen. Sie sind im Vormarsch
und gewinnen mit anhaltender Krise immer mehr Zulauf.

Es steht ohnehin zu befürchten, daß die Haushaltsdisziplin in der Eurozone mit der Länge der Krise immer weiter nachläßt. Schon jetzt ist der von der Bundesregierung als
großer Erfolg gefeierte Fiskalpakt nur noch Makulatur. Außer
Deutschland, Estland und Luxemburg kann kein Land der
Eurozone einen ausgeglichenen Haushalt vorweisen. Selbst
in Frankreich haben der Euro und seine einst vereinbarten
Spielregeln nicht mehr die Unterstützung, die sie zu Zeiten
seines Mitbegründers Mitterand hatten. Fast alle Reformen
sind stecken geblieben. Frankreich hat seit Mitte der 70er Jahre
keinen ausgeglichenen Haushalt mehr vorgelegt. Erst 2017
soll angeblich die Maastricht-Grenze von 3 % Haushaltsdefizit wieder unterschritten werden, was aber kaum erreicht
werden wird[54].

So kommen denn auch aus Frankreich immer neue Vor-
schläge, wie die Krisenlasten vergemeinschaftet werden könnten. Das geht bis zu einer gemeinsamen Arbeitslosenversi-
cherung. Ebenso gingen fast alle bisherigen Schritte in
Richtung Transferunion auf französische Initiativen zurück. Vor

diesem Hintergrund sollte es nicht überrascht haben, daß der französische Staatspräsident zum stärksten Fürsprecher Griechenlands beim dritten Hilfspaket wurde, daß er seine Beamten eigens nach Athen schickte, um den griechischen Vorschlag auszuformulieren, und daß er beim Verlassen des Ratsgebäudes nach dem Grundsatzbeschluß über das dritte Griechenlandpaket seinen griechischen Partner in die Arme nahm.

Frankreich, Italien und Spanien als die größten Länder des „ClubMed" fühlen sich durchaus im Recht, immer neue Elemente einer Transferunion zu fordern. Sie sehen dabei auch auf die anhaltenden Handelsbilanzüberschüsse, die Deutschland auf der Basis vergleichsweise niedriger Löhne erzielt und die in den Defizitländern die Arbeitslosigkeit erhöht. Über die letzten 10 Jahre betrugen die Defizite mit Deutschland bei Frankreich 1,6 %, Spanien 1,5 % und Italien 0,9 % des BIP.

Die EU war immer auf Solidarität gebaut. Beim Euro wollte man es ähnlich machen, ohne die Kosten durchgerechnet zu haben. Vor Überraschungen wollte man sich aber schützen, indem beschlossen wurde, daß jeder Teilnehmer für seine Schulden selbst aufzukommen habe und daß die Partner nicht einspringen dürften. Doch auch dieses Papier war geduldig.

In der Financial Times schrieb Simon Kuper in einem Kommentar: „Der Euro wurde als ein politisches Projekt gesehen: Europa zu bauen. Wir wissen jetzt, daß der Euro das Gegenteil bewirkt hat: Er beendete die Konstruktion Europas, die 1955 in Messina begonnen wurde. Heute besteht das Europäische Projekt darin zu versuchen, den Euro zu verdauen." Das gilt auch für Deutschland und die Deutschen, vor allem dann, wenn din diesem Verdauungsprozeß die Kosten aus den Schattenhaushalten, in denen sie derzeit ausgelagert sind, herausfallen und zu echten Steuern werden sollten.

8. Transferunion und Eurodämmerung

Spätestens dann würde auch bei uns eine Euro-Dämmerung beginnen, jedenfalls wenn – wie zu erwarten – der Weg zu den Vereinigten Staaten von Europa versperrt bleibt.

Deutschland wird lernen müssen, daß man in diesem Europa mit Finanztransfers, selbst sehr großen, keine Freundschaften bauen kann. In diesem Sinne war die Fernsehansprache des griechischen Ministerpräsidenten Tsipras nach der Grundsatzvereinbarung über ein drittes Hilfspaket vom 13. Juli 2015 bezeichnend. Er warf den Partnern, von denen er 86 Mrd. Euro zusätzlich annehmen will, „Rachsucht" vor und sagte: „Ich übernehme auch die Verantwortung für einen Text, an den ich nicht glaube, aber den ich unterzeichnet habe, um ein Desaster für das Land zu vermeiden". Die Parlamentspräsidentin verstieg sich in der Debatte des Parlaments über die Aufnahme von Verhandlungen zu Bewertungen, wie „Holocaust" und „sozialer Genozid" an Griechenland.

Schließlich wird es den Menschen in Deutschland dämmern müssen, daß der Euro im besten Sinne des Wortes zu einer Krisen-Währung geworden ist. Er schützt nicht gegen Krisen. Er produziert sie oder verstärkt sie. Er schafft unerträgliche Unehrlichkeiten der Regierenden im Umgang mit diesen Krisen, die die Glaubwürdigkeit des politischen Systems schwer beschädigen.

Wahrscheinlich wäre die Mehrheit der Bürger in allen Eurostaaten, auch Deutschland, heute besser dran, wenn diese Kunstwährung gar nicht erst eingeführt worden wäre und wenn die Menschen die Entscheidungen über ihr Geld nicht an ferne Riesenbehörden, wie die EU-Kommission oder die Europäische Zentralbank, verloren hätten. Die Zeit wird kommen, da man sich die Karten wird neu legen müssen.

Abbildungen

01: BIP der entwickelten Volkswirtschaften 1991 - 2002

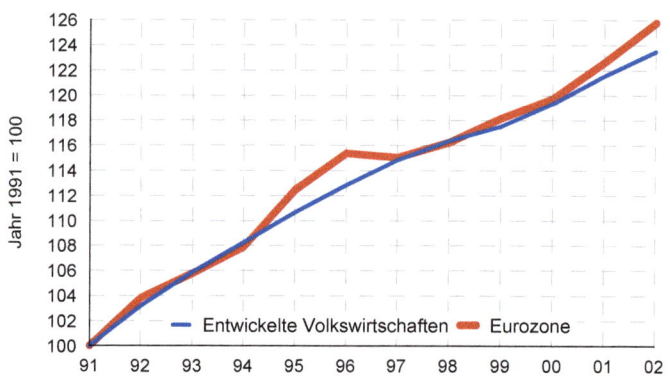

Quelle: IWF. © Jahnke - http://www.jjahnke.net

Ein ganz klares Nein! Der Maastrichter Vertrag verbietet ausdrücklich, daß die Europäische Union oder die anderen EU-Partner für die Schulden eines Mitgliedstaates haften. Mit den Stabilitätskriterien des Vertrags und dem Stabilitätspakt wird von vornherein sichergestellt, daß die Nettoneuverschuldung auf unter 3% des Bruttoinlandsprodukts begrenzt wird. Die Euro-Teilnehmerstaaten werden daher auf Dauer ohne Probleme ihren Schuldendienst leisten können. **Eine Überschuldung eines Euro-Teilnehmerstaats kann daher von vornherein ausgeschlossen werden.**

02:
Wahlplakat der
CDU von 1999
unter dem Titel:
**"Muß
Deutschland für
die Schulden
anderer Länder
aufkommen?"**

03: Wechselkurs des Euro gegenüber dem US$
1.1.2003 bis 1.8.2008

© Jahnke - http://www.jjahnke.net

04: Wechselkurs des Euro gegenüber dem US$
1.8.2008 bis 10.7.2015

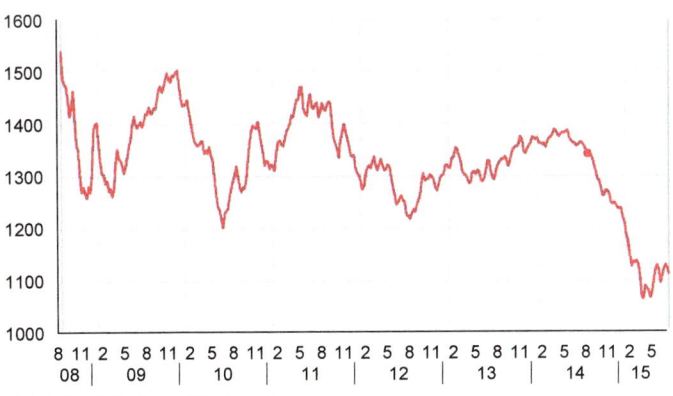

© Jahnke - http://www.jjahnke.net

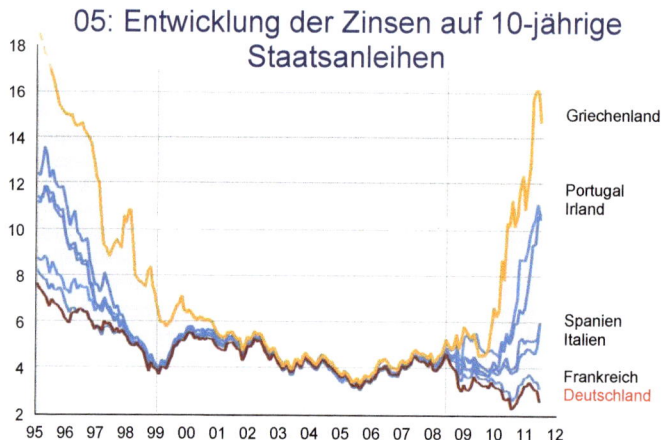

05: Entwicklung der Zinsen auf 10-jährige Staatsanleihen

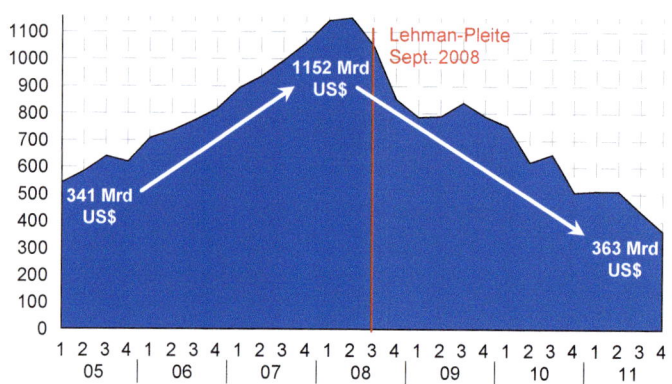

06: Forderungen ausländischer Banken gegen Banken der fünf Euro-Krisenländer*) in Mrd US$

Quelle: BIZ. *) Italien, Spanien, Irland, Portugal, Griechenland. © Jahnke - http://www.jjahnke.net

07: Forderungen von Banken gegen Banken in Irland nach Sitz der Banken in Mrd US$ Ende 2011 (zusammen 65 Mrd US$)

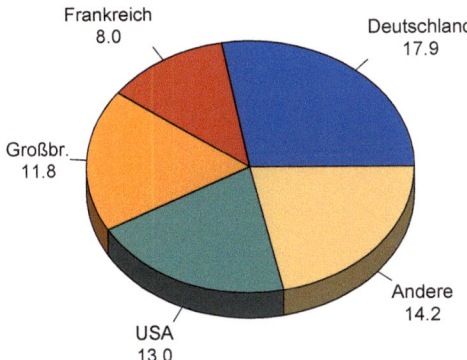

Frankreich
8.0

Deutschland
17.9

Großbr.
11.8

Andere
14.2

USA
13.0

08: Netto-Kreditvolumen deutscher Banken an die Krisenländer in Mrd Euro

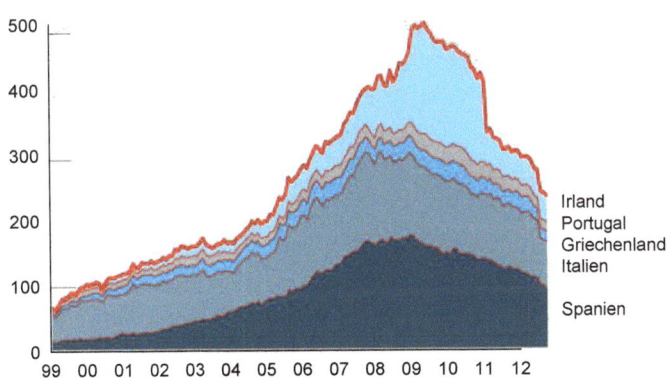

Irland
Portugal
Griechenland
Italien

Spanien

09: Griechenland - kumulative Kapitalzuflüsse (2002/11 in % des BIP von 2007)

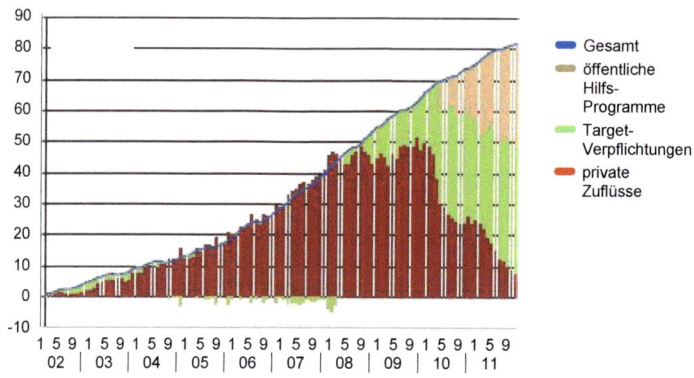

Quelle: Bruegel, 2012/06, März 2012. © Jahnke - http://www.jjahnke.net

10: Forderungen der deutschen Bundesbank innerhalb des Eurosystems (target2) in Mrd Euro

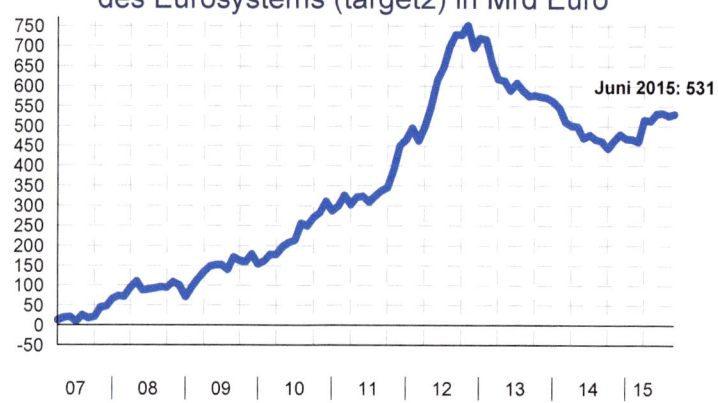

Quelle: Deutsche Bundesbank. © Jahnke - http://www.jjahnke.net
http://www.bundesbank.de/statistik/statistik_zeitreihen.php?lang=de&open=aussenwirtschaft&func=row&tr=EU8148

11: Verbraucherpreisinflation in % gegenüber Vorjahr

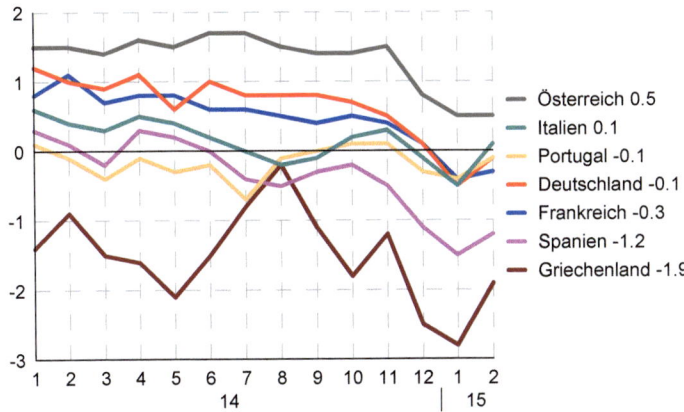

Österreich 0.5
Italien 0.1
Portugal -0.1
Deutschland -0.1
Frankreich -0.3
Spanien -1.2
Griechenland -1.9

Quelle: Eurostat.© Jahnke - http://www.jjahnke.net

12: Arbeitslosenraten in der Eurozone bis Mai 2015

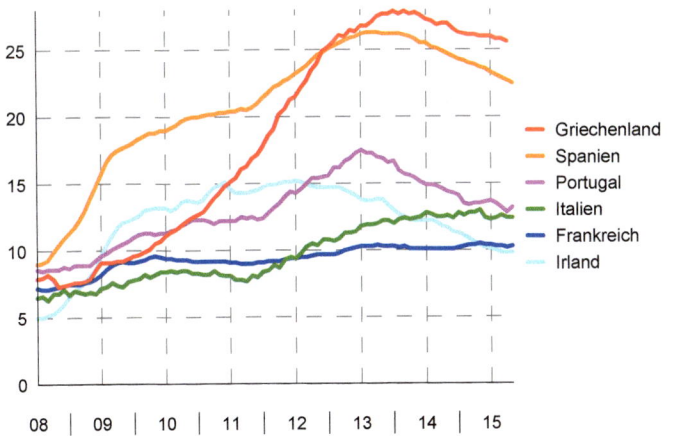

Griechenland
Spanien
Portugal
Italien
Frankreich
Irland

Quelle: Eurostat. © Jahnke - http://www.jjahnke.net

Abbildungen

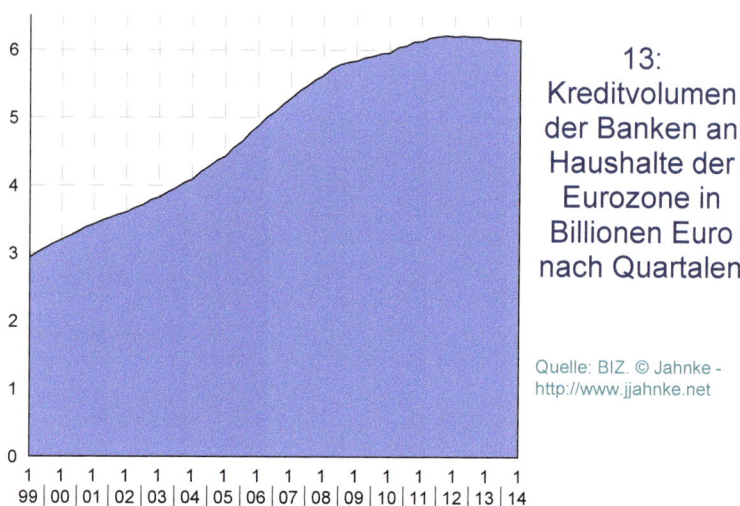

13: Kreditvolumen der Banken an Haushalte der Eurozone in Billionen Euro nach Quartalen

14: Bilanzsumme der spanischen Banken bis Q1 2015

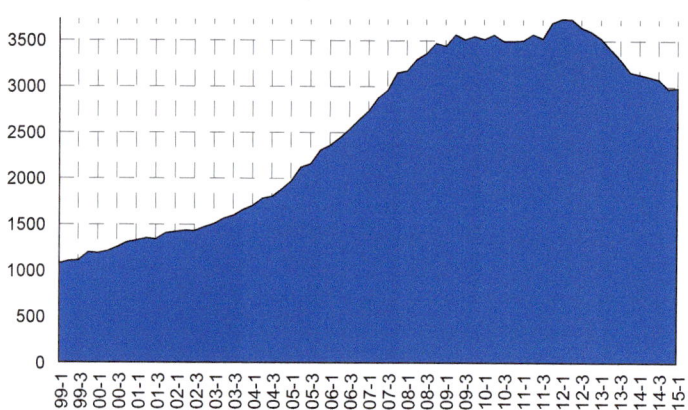

15: Kreditfluß der Banken der Eurozone an Nicht-Banken rollende Quartalsdurchschnitte

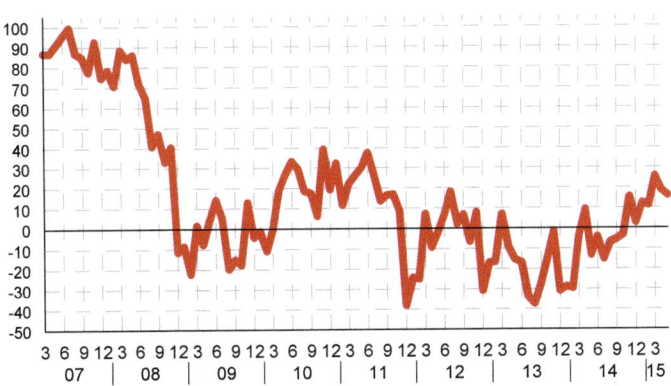

16: Staatsverschuldung Griechenland in % BIP

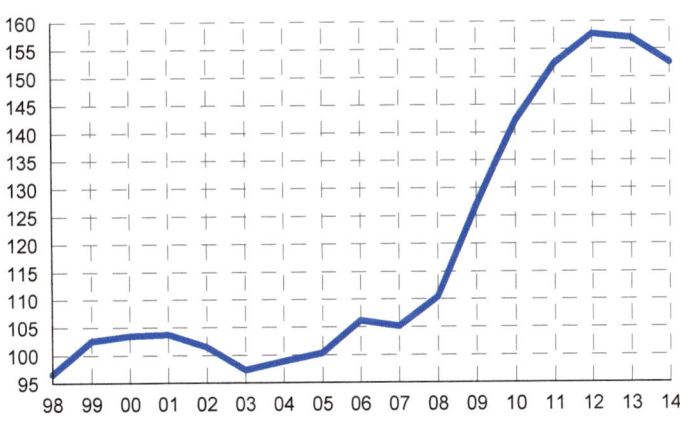

17: Griechisches Haushaltsdefizit in % BIP

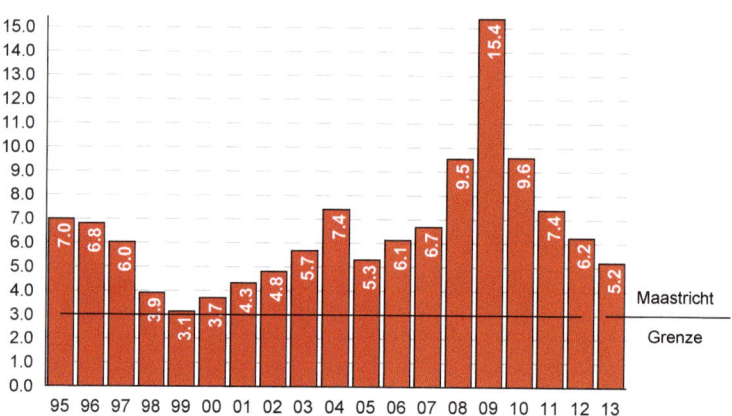

18: Griechische Staatsverschuldung in % BIP

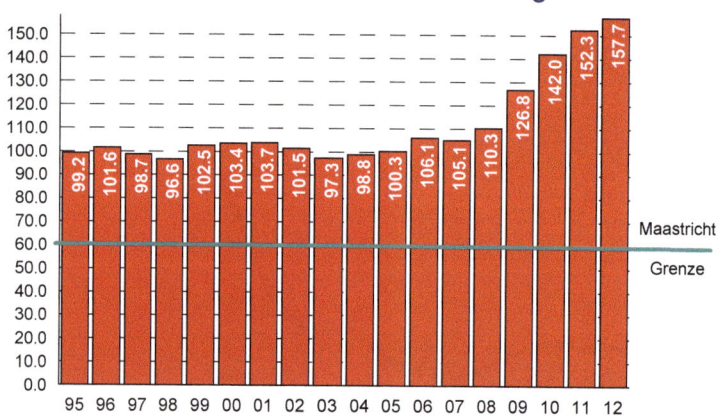

19: Griechisches Haushaltsdefizit in % BIP

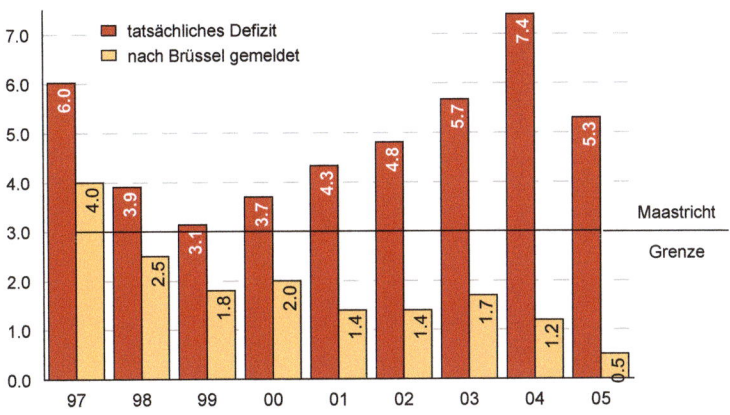

Quelle: IWF. © Jahnke - http://www.jjahnke.net

20: Griechenland: Entwicklung der Staatsausgaben*)

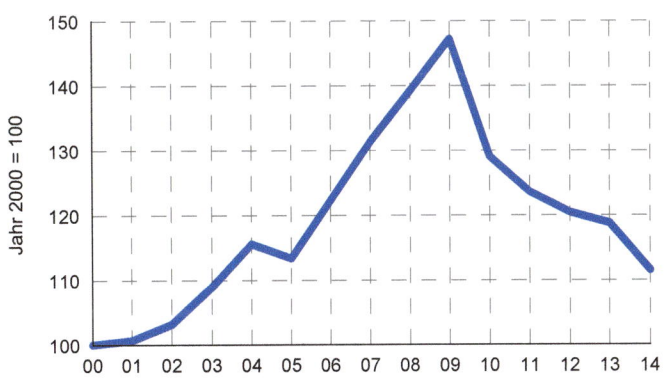

Quelle: Eurostat, *) verbraucherpreisbereinigt. © Jahnke - http://www.jjahnke.net

21: Staatsverschuldung Griechenland in Euro

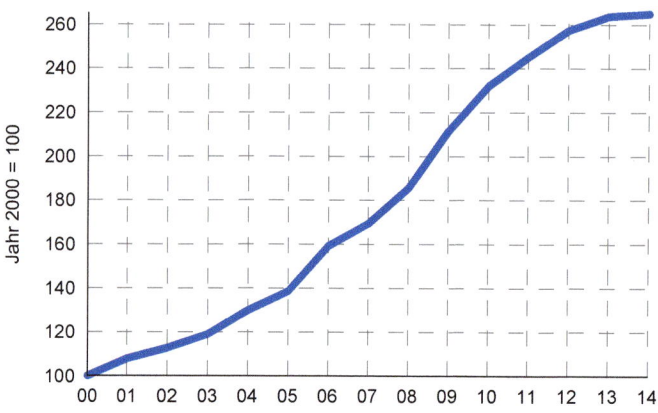

Quelle: IWF. © Jahnke - http://www.jjahnke.net

22: Entwicklung des durchschnittlichen Nettojahresverdienstes in Griechenland: Alleinstehende ohne Kinder

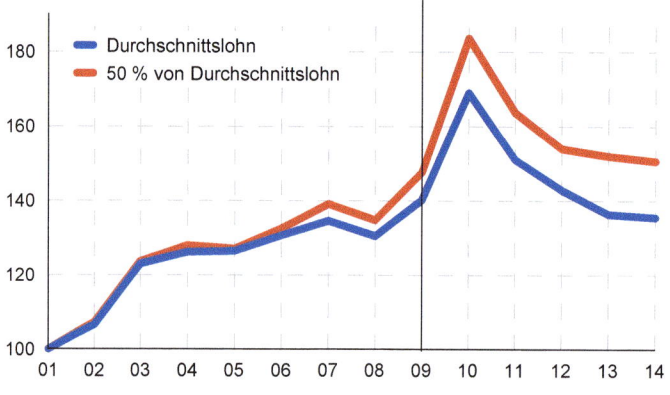

Quelle: Eurostat, verbraucherpreisbereinigt. © Jahnke - http://www.jjahnke.net

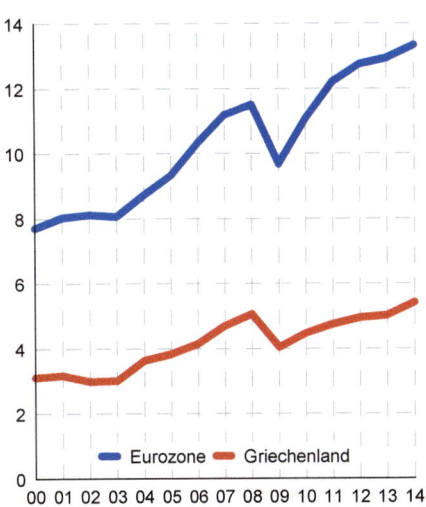

23: Exportleistung pro Kopf in 1.000 Euro

Quelle: Eurostat. © Jahnke - http://www.jjahnke.net

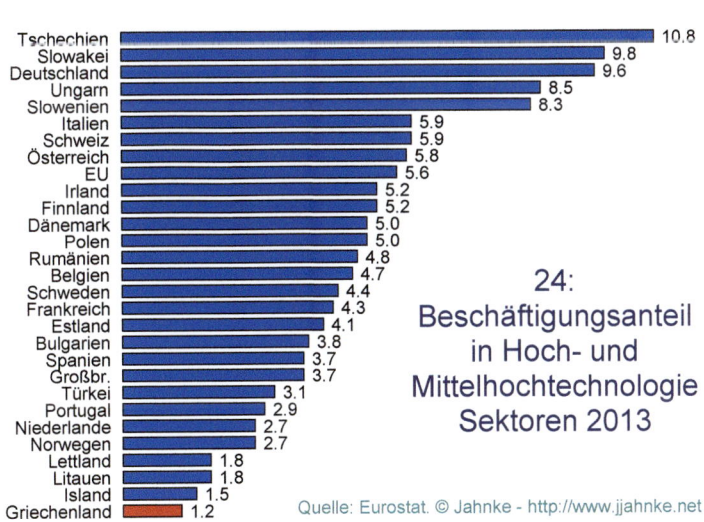

24: Beschäftigungsanteil in Hoch- und Mittelhochtechnologie Sektoren 2013

Quelle: Eurostat. © Jahnke - http://www.jjahnke.net

25: Entwicklung der Lohnstückkosten 2000-2013 in % (Industrie mit Energie)

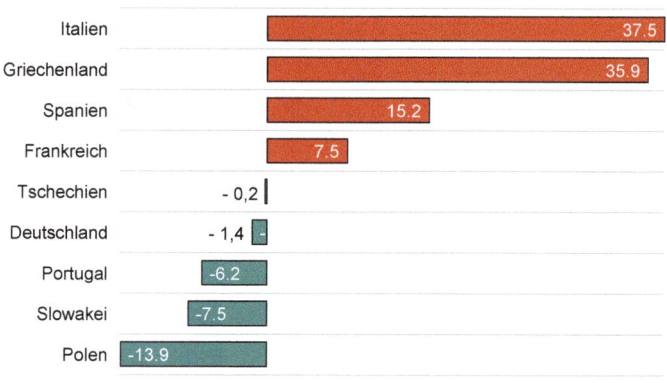

Quelle: OECD. © Jahnke - http://www.jjahnke.net

26: Arbeitskosten je geleistete Stunde in Euro 2014 (Griechenland und Osteuropa)

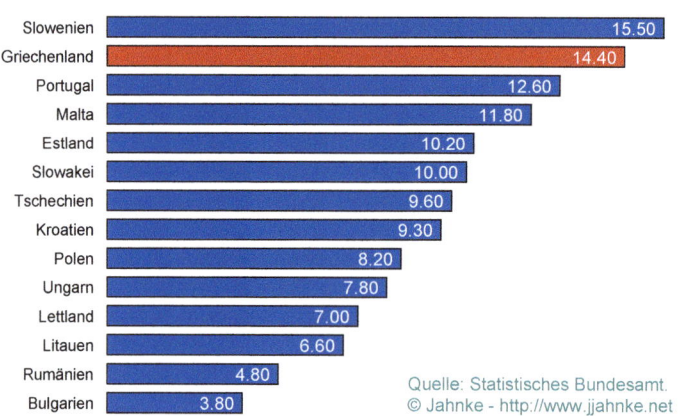

Quelle: Statistisches Bundesamt.
© Jahnke - http://www.jjahnke.net

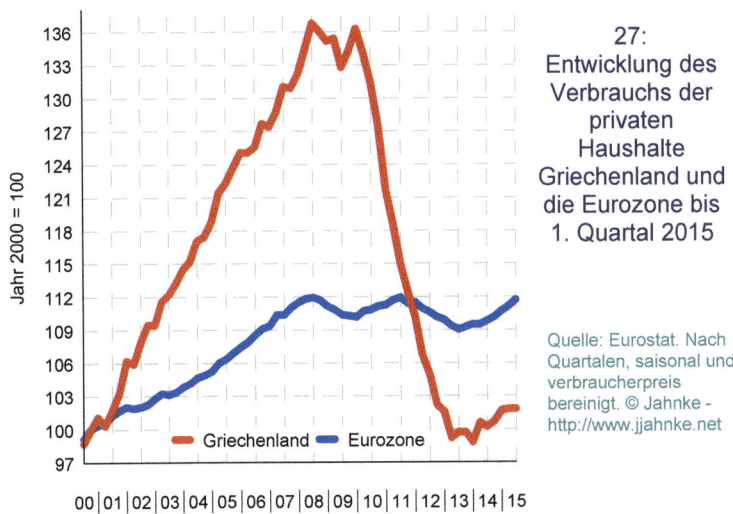

27:
Entwicklung des
Verbrauchs der
privaten
Haushalte
Griechenland und
die Eurozone bis
1. Quartal 2015

Quelle: Eurostat. Nach
Quartalen, saisonal und
verbraucherpreis
bereinigt. © Jahnke -
http://www.jjahnke.net

28: Griechenland und Portugal: Privater Verbrauch pro Kopf in % des Durchschnitts der Eurozone

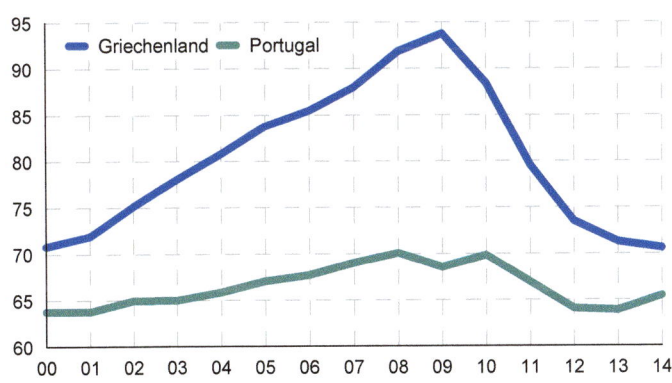

Quelle: Eurostat. © Jahnke - http://www.jjahnke.net

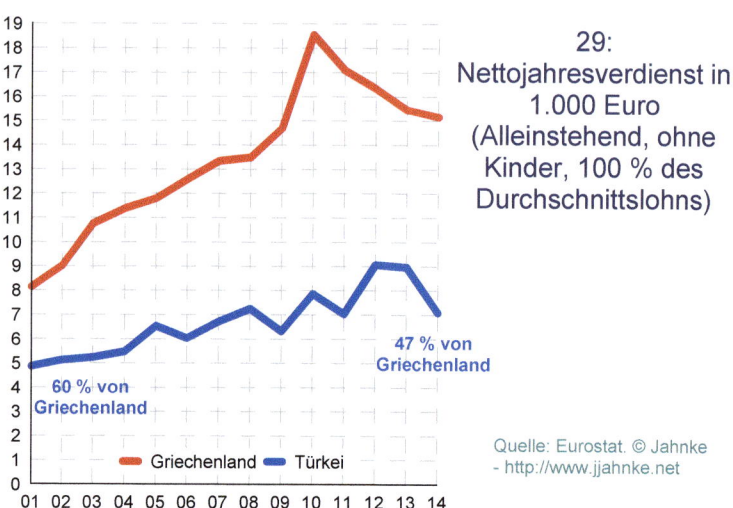

29:
Nettojahresverdienst in
1.000 Euro
(Alleinstehend, ohne
Kinder, 100 % des
Durchschnittslohns)

Quelle: Eurostat. © Jahnke
- http://www.jjahnke.net

30: Entwicklung der Arbeitsproduktivität in der Gesamtwirtschaft (BIP/Arbeitsstunde)

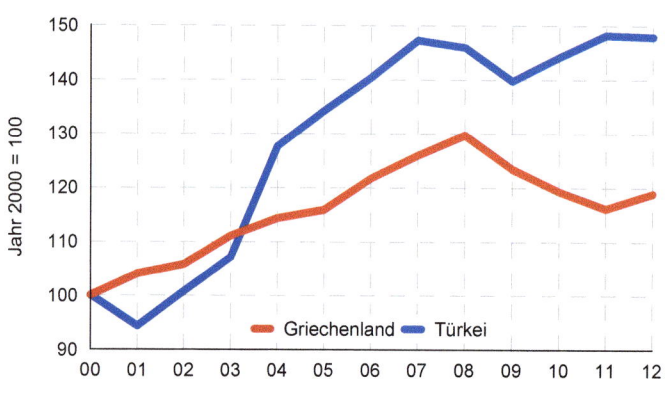

Quelle: OECD. http://stats.oecd.org/index.aspx?queryname=344© Jahnke - http://www.jjahnke.net

31: Wirtschaftsentwicklung Griechenland (reales BIP)

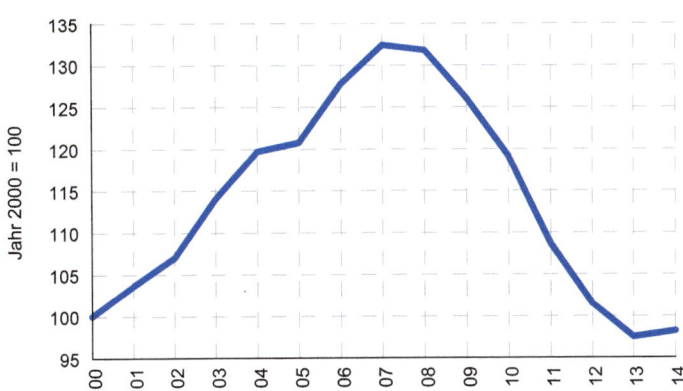

Quelle: Eurostat. © Jahnke - http://www.jjahnke.net

32: Griechenland - Öffentliche Kredite, akkumulierte Leistungsbilanzdefizite und Außenschulden

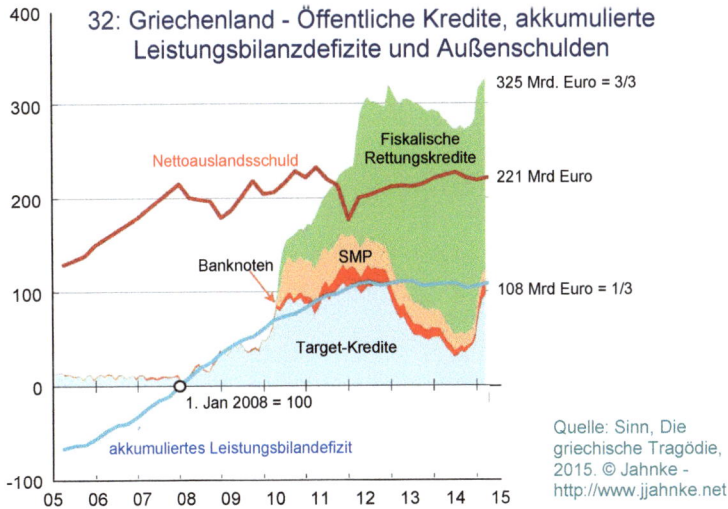

Quelle: Sinn, Die griechische Tragödie, 2015. © Jahnke - http://www.jjahnke.net

Abbildungen

33: Fälligkeit griechischer Schulden bei öffentlichen Gläubigern der Eurozone in Mrd Euro

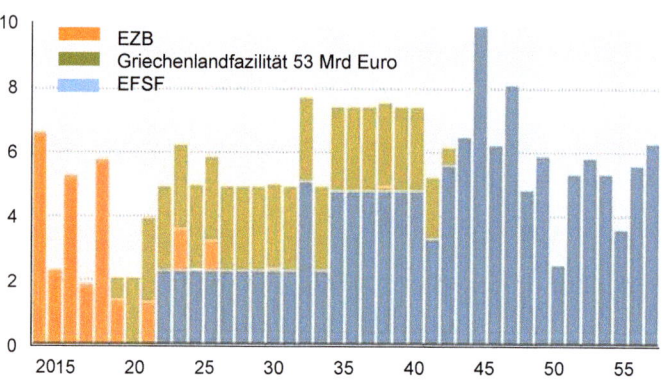

Quelle: Wall Street Journal. © Jahnke - http://www.jjahnke.net

34: Forderungen ausländischer Banken gegen Banken und Staat in Griechenland in Mrd US$$

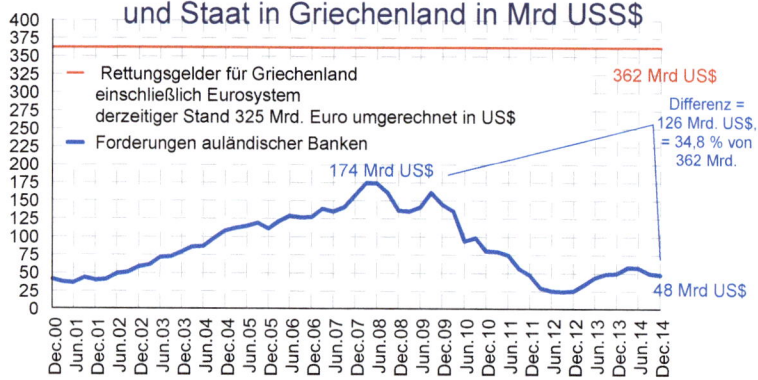

Quelle: Bank für Internationalen Zahlungsausgleich, Basel, April 2015. Consolidated claims of reporting banks - immediate borrower basis, International claims vis-à-vis banks and public sector in Greece. Für Rettungsgelder: Prof. Sinn. © Jahnke - http://www.jjahnke.net

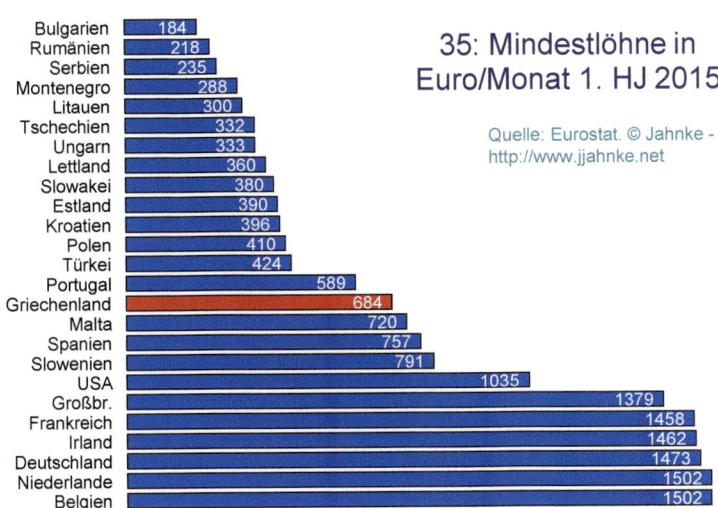

35: Mindestlöhne in
Euro/Monat 1. HJ 2015

Quelle: Eurostat. © Jahnke -
http://www.jjahnke.net

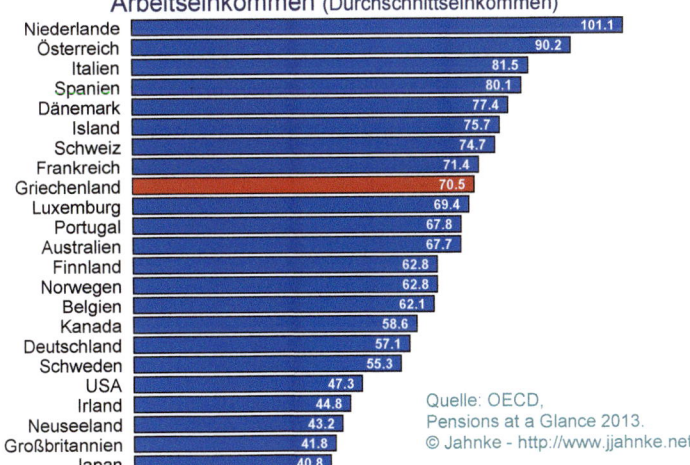

36. Netto-Rentenniveau im Verhältnis zum letzten
Arbeitseinkommen (Durchschnittseinkommen)

Quelle: OECD,
Pensions at a Glance 2013.
© Jahnke - http://www.jjahnke.net

Abbildungen

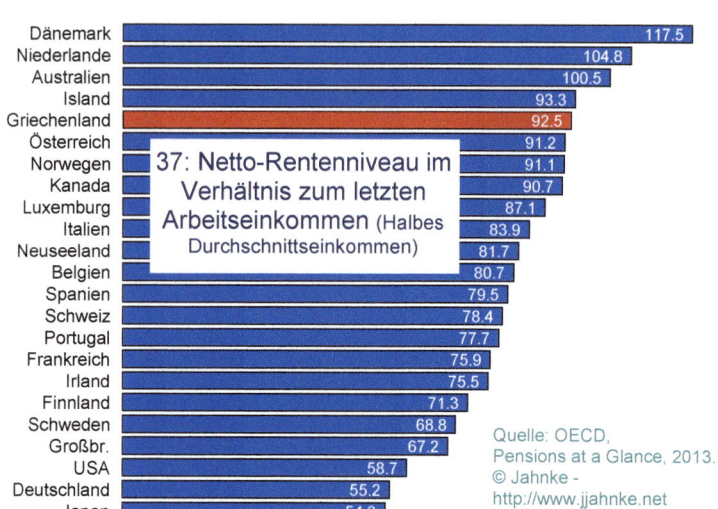

37: Netto-Rentenniveau im Verhältnis zum letzten Arbeitseinkommen (Halbes Durchschnittseinkommen)

Dänemark 117.5
Niederlande 104.8
Australien 100.5
Island 93.3
Griechenland 92.5
Österreich 91.2
Norwegen 91.1
Kanada 90.7
Luxemburg 87.1
Italien 83.9
Neuseeland 81.7
Belgien 80.7
Spanien 79.5
Schweiz 78.4
Portugal 77.7
Frankreich 75.9
Irland 75.5
Finnland 71.3
Schweden 68.8
Großbr. 67.2
USA 58.7
Deutschland 55.2
Japan 54.3

Quelle: OECD,
Pensions at a Glance, 2013.
© Jahnke -
http://www.jjahnke.net

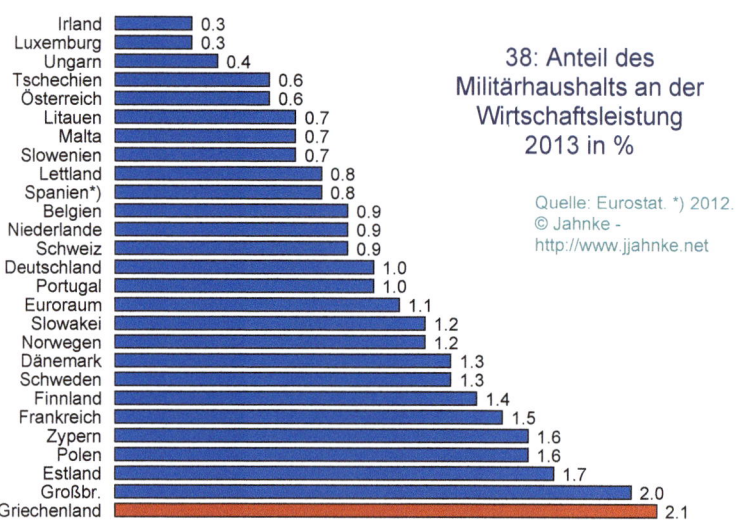

38: Anteil des Militärhaushalts an der Wirtschaftsleistung 2013 in %

Irland 0.3
Luxemburg 0.3
Ungarn 0.4
Tschechien 0.6
Österreich 0.6
Litauen 0.7
Malta 0.7
Slowenien 0.7
Lettland 0.8
Spanien*) 0.8
Belgien 0.9
Niederlande 0.9
Schweiz 0.9
Deutschland 1.0
Portugal 1.0
Euroraum 1.1
Slowakei 1.2
Norwegen 1.2
Dänemark 1.3
Schweden 1.3
Finnland 1.4
Frankreich 1.5
Zypern 1.6
Polen 1.6
Estland 1.7
Großbr. 2.0
Griechenland 2.1

Quelle: Eurostat. *) 2012.
© Jahnke -
http://www.jjahnke.net

Abbildungen

39: Beschäftigung im öffentlichen Dienst (Verwaltung ohne öffentl. Unternehmen) 2008 in % der Gesamtbeschäftigung

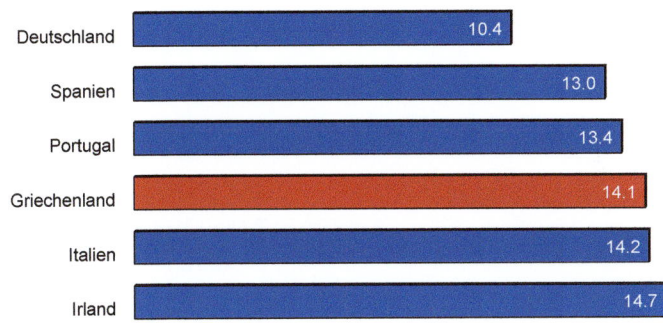

Quelle: OECD, Quelle: OECD, Government at a Glace 2011. © Jahnke -
http://www.jjahnke.net

40: Gehälter von Mitarbeitern in zentralen und lokalen Regierungsfunktionen 2012 in % BIP

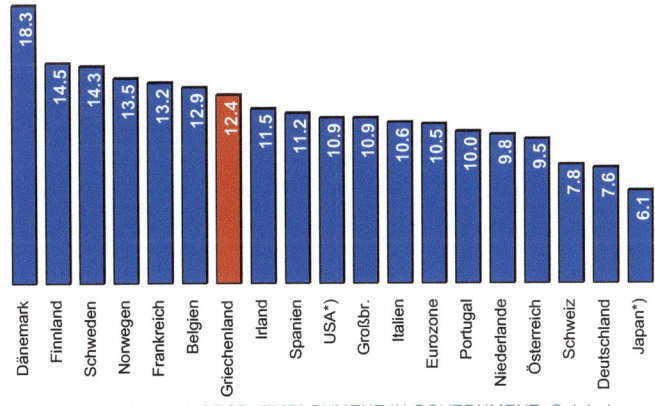

Quelle: Eurostat, *) für 2008,OECD, EMPLOYMENT IN GOVERNMENT. © Jahnke
- http://www.jjahnke.net

41: Privatisierungsprogramm Griechenlands in Mrd Euro

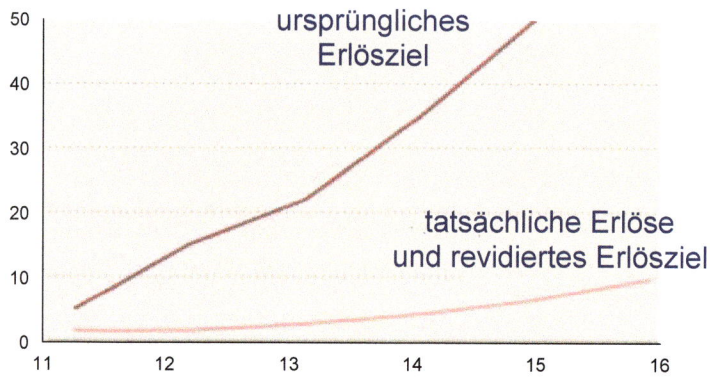

Quelle: Hellenic Republic Asset Development Fund. © Jahnke - http://www.jjahnke.net

42: Armutsgefährdungsquote in %

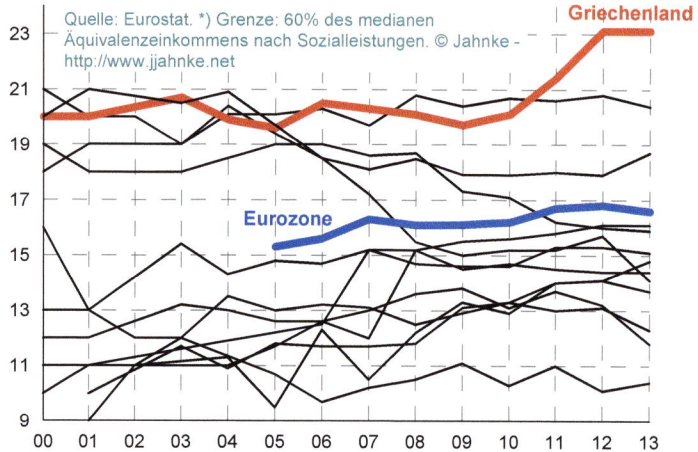

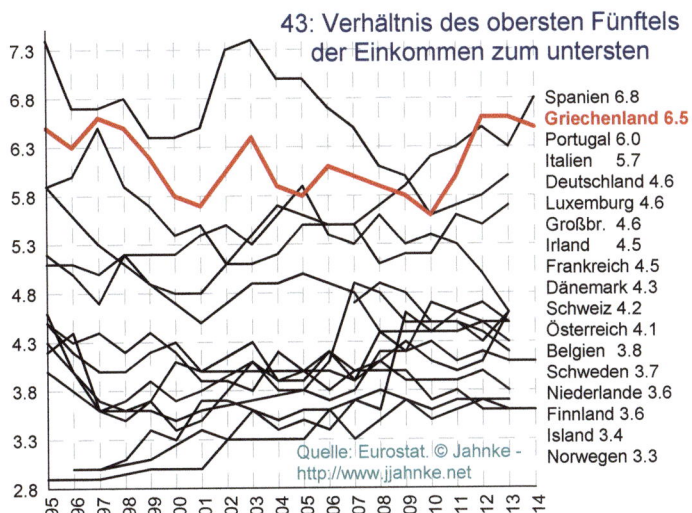

43: Verhältnis des obersten Fünftels der Einkommen zum untersten

Spanien 6.8
Griechenland 6.5
Portugal 6.0
Italien 5.7
Deutschland 4.6
Luxemburg 4.6
Großbr. 4.6
Irland 4.5
Frankreich 4.5
Dänemark 4.3
Schweiz 4.2
Österreich 4.1
Belgien 3.8
Schweden 3.7
Niederlande 3.6
Finnland 3.6
Island 3.4
Norwegen 3.3

Quelle: Eurostat. © Jahnke - http://www.jjahnke.net

44: Einkommensverhältnis oberstes zu unterstes Fünftel 2013

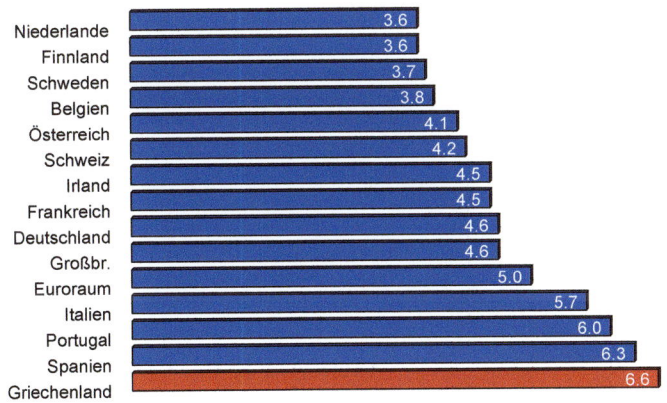

Quelle: Eurostat (je höher, je ungleicher). © Jahnke - http://www.jjahnke.net

Abbildungen

45: Einkommensverhältnis oberstes zu unterstes Fünftel

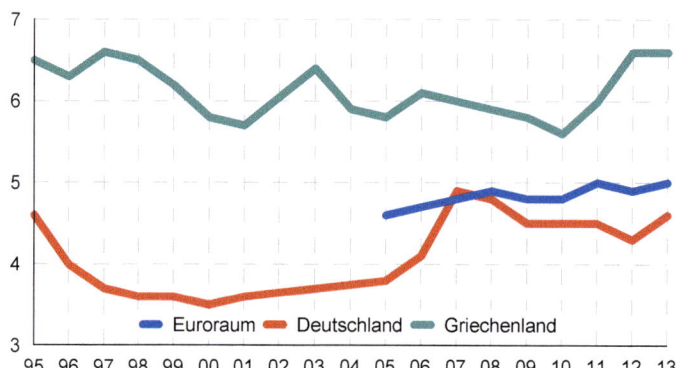

Quelle: Eurostat (je höher, je ungleicher). © Jahnke - http://www.jjahnke.net

46: Gini-Koeffizient (nach staatlichen Transferleistungen)

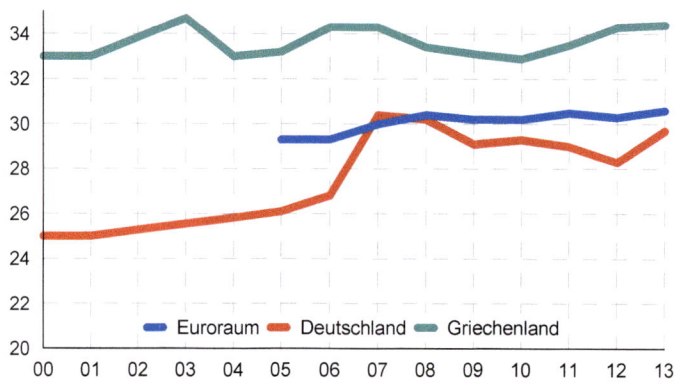

Quelle: Eurostat (je höher, je ungleicher). © Jahnke - http://www.jjahnke.net

47: Anteil des obersten Fünftels am nationalen Äquivalenzgesamtnettoeinkommen in %

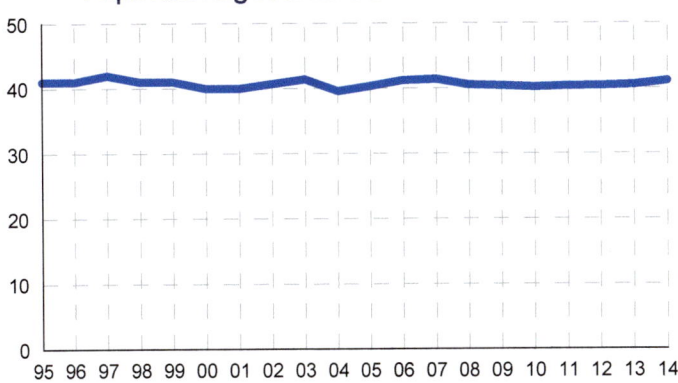

Quelle: Eurostat. © Jahnke - http://www.jjahnke.net

48: Depots privater Kunden griechischer Banken in Mrd. Euro

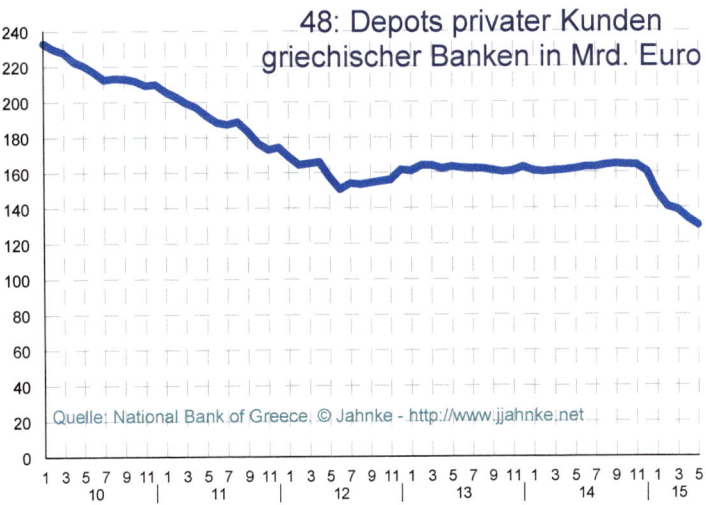

Quelle: National Bank of Greece. © Jahnke - http://www.jjahnke.net

49: Staatsverschuldung der Eurozone in Billionen Euro

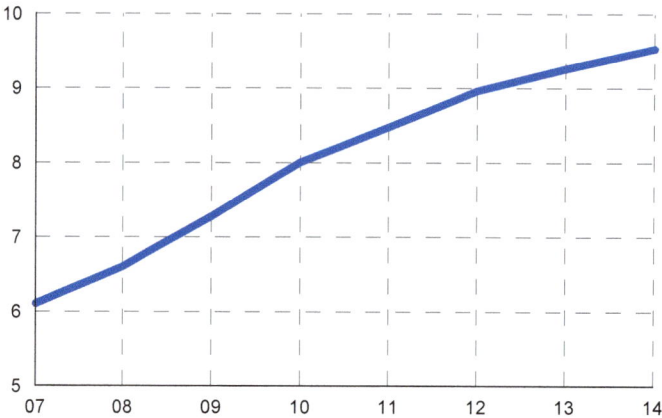

Quelle: Eurostat. © Jahnke - http://www.jjahnke.net

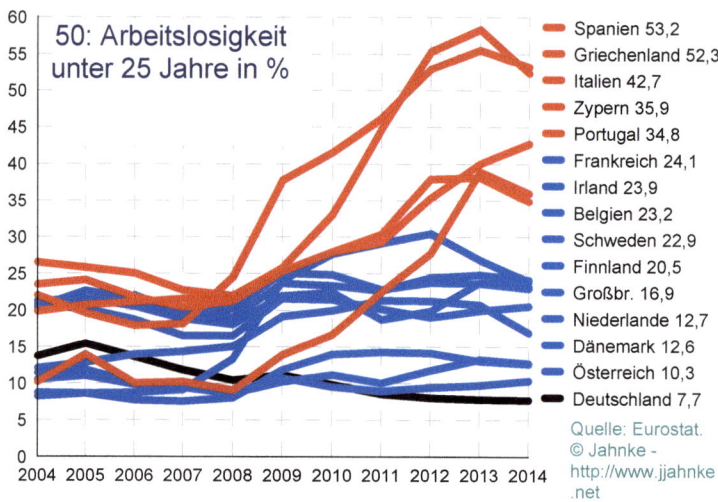

50: Arbeitslosigkeit unter 25 Jahre in %

Spanien 53,2
Griechenland 52,3
Italien 42,7
Zypern 35,9
Portugal 34,8
Frankreich 24,1
Irland 23,9
Belgien 23,2
Schweden 22,9
Finnland 20,5
Großbr. 16,9
Niederlande 12,7
Dänemark 12,6
Österreich 10,3
Deutschland 7,7

Quelle: Eurostat. © Jahnke - http://www.jjahnke .net

51: Anteil von Kindern unter 18 Jahren, die in Haushalten mit Arbeitslosigkeit leben in %

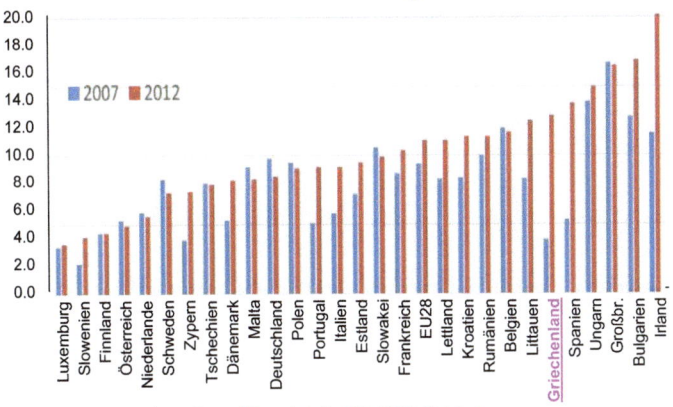

Quelle: EU-Parlament, Austerity and Poverty in the EU, 2014. © Jahnke - http://www.jjahnke.net

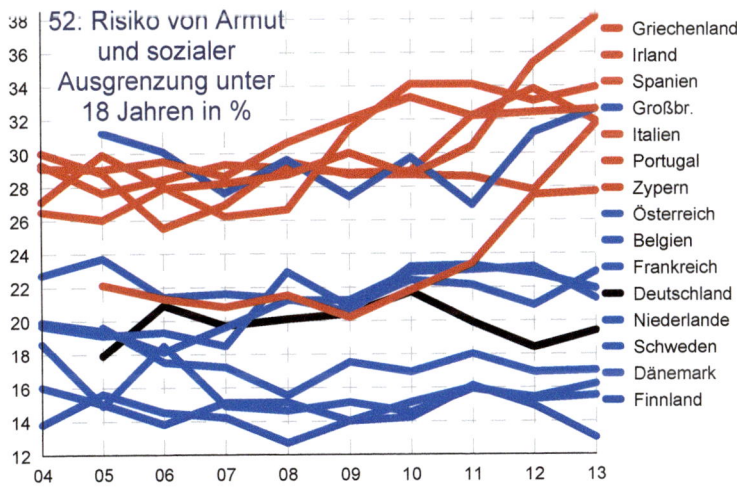

52: Risiko von Armut und sozialer Ausgrenzung unter 18 Jahren in %

53: Anteil von armutsgefährdeten Arbeitnehmern ("working poor") 2013 in %

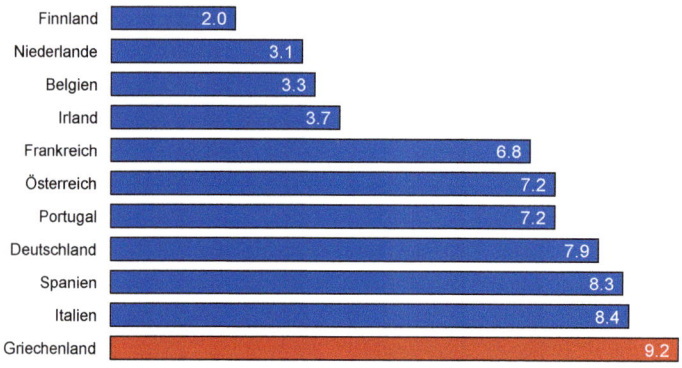

Quelle: Eurostat. © Jahnke - http://www.jjahnke.net

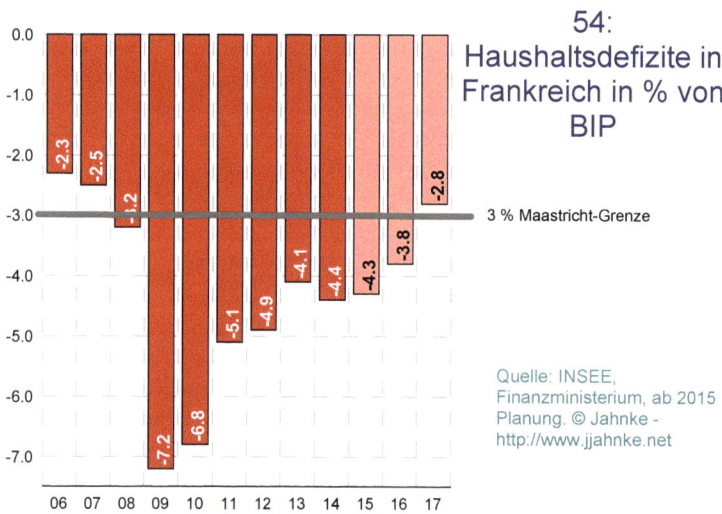

54: Haushaltsdefizite in Frankreich in % von BIP

3 % Maastricht-Grenze

Quelle: INSEE, Finanzministerium, ab 2015 Planung. © Jahnke - http://www.jjahnke.net